平凡社新書
766

和食は福井にあり

鯖街道からコシヒカリまで

向笠千恵子
MUKASA CHIEKO

HEIBONSHA

和食は福井にあり●目次

第2章　和食を支える「米」と「大豆」…………69

第3章　和食の基本は海山里の新鮮美味…………95

第4章 昆布ロードとだし文化

第5章 和食の贅沢をとことん楽しむ……159

第6章 現地で食べると、郷土料理はもっとうまい……191

写真撮影＝筆者
地図作成＝尾黒健二

東尋坊
三国港
あわら温泉
北陸本線
芦原温泉駅
石川県
えちぜん鉄道
あわら市
坂井市
北陸自動車道
福井市
福井駅
吉田郡
永平寺町
丹生郡
越前町
福井鉄道
勝山市
一乗谷
鯖江市
鯖江駅
奥越
越美北線(九頭竜線)
越前市
武生駅
越前大野駅
嶺北
河野
今立郡
池田町
大野市
南条郡
南越前町
岐阜県
N

福井県全体図
越前
越前漁
若狭湾
高浜町
舞鶴若狭自動車道
大飯郡
三方五湖
敦賀駅
三方郡
三方上中郡
敦賀市
美浜町
小浜線
小浜駅
若狭町
小浜市
おおい町
嶺南
滋賀県
湖西線
琵琶湖
京都府

まえがき　和食の原点がわかる「考福学」

人類の進化と料理

福井県の北東部、勝山市周辺には、恐竜が群れをなしていた。白亜紀前期、約一億二千万年前のことである。新種の恐竜の化石も見つかり、フクイサウルス、フクイラプトル、フクイティタンと名づけられた。大人気の新名所・福井県立恐竜博物館に行けば、その姿をまのあたりにすることができる。生命と時間の神秘を実感するとともに、恐竜と同じ時代に生きていなくてよかったとしみじみ思う。それくらい迫力があるのだ。

人間があらわれたのは、恐竜が滅びて五千万年以上たってからだ。人類の歴史は一口に三百万年と言われる。ご存じのとおり、人類の起源はアフリカで、サルに近いアウストラロピテクスからヒトに進化してきたわけだが、その進化の度合いは主として脳の大きさによって判断される。

ただ、脳が大きくなってきた理由については、直立二足歩行、言語の使用、道具の製作と使用が契機になったなどの諸説がある。そのなかで、わたし自身が実感として納得しているのは、火の発明説だ。たき火をすれば暖がとれるし、危険な肉食獣も火を恐れて近づかない。何よりも、火があれば料理ができる。人間の歯はとても華奢《きゃしゃ》で、生肉を嚙み切るのはたいへんだが、火で焼けばぐっと食べやすくなるし、おいしくもなる。固い木の実や根茎類にしても、火を通せばやわらかくなる。

野生の食材を生で食べるのはたいへんだ。固いから嚙むだけで苦労するし、消化するにも時間がかかる。ライオンが満腹した後でたっぷり昼寝するのは、消化のためだ。牛は草を消化するために四つも胃袋をもっているくらいだし、草食動物は一日中草を食べるいっぽうで、体の中ではずっと消化しつづけている。それくらい時間をかけないと体にエネルギーを取り込めないのだ。

その点、火を通したものならば、食べる時間も消化にかかる時間もぐっと節約できる。余った時間は休養にあてたり、次の食事の準備にかけられるから、とどのつまり、たっぷりエネルギーを吸収できる。そして、摂取したエネルギーは、脳を発達させるのに役立った。人間の脳は体重の二パーセント程度の重量しかないが、脳が使うエネルギーは体全体の使用量の二十～二十五パーセントにもなるから、食は人類を支える大切な要素なのだ。

――食べることが大好きなわたしがこの学説を贔屓《ひいき》するのも当然だろう。

　では、人類の最初の料理はどんなものだったのだろう。簡単なのは、たき火にかざすバーベキューだ。おき火や灰の中に食材を埋め込むこともあっただろう。時空を越えて想像をはばたかせれば、これは現代でも日常的におこなわれている調理法で、代表は焼き芋だし、長野県の郷土料理・おやきは囲炉裏《いろり》の灰に埋めて火を通す。

　また、焼き石を使う料理もあった。小石を熱しておいて、食材とともに水の中に入れる。容器は動物の皮だったとも言われる。再び時空を飛べば、日本海に浮かぶ新潟県の粟島のわっぱ煮は、曲げ木の器に魚と野菜、味噌、水を入れてから、熱く焼いた小石を投げ入れて煮立たせる料理だ。もちろん、おつゆを飲むときは間違っても石に口をふれてはいけない。

　少々先走りしすぎだが、結論を言えば、そんなふうに火を使った料理を食べるひとときは、家族や仲間と一緒に食べる、ほっとする時間につながる。人間にとっての食の楽しみとは、満腹することではなくて、親しい人たちとおしゃべりしながらすごす時間にある。その点から言うと、日本の食＝和食は、とりわけ人間関係を重視する、いわば社会とつながりをもつ食形態が特徴で、そのぶん、心に響く食になっている。

魚を煮た縄文土器

とても時間はかかったが、大切な食事の場をもっと簡単に、毎回盛り上げてくれる調理道具がついに発明された。土器である。日本で言えば縄文式土器だ。

縄文時代は約一万六千五百年前に始まる。大陸から渡ってきた旧石器時代が終わり、日本で最初に花開いた文化で、ざっと一万四千年もつづいた。この時代の最大の特徴は縄文土器の使用である。縄を押しつけたような模様を表面につけたことからの名だ。

では、土器は何に使ったのだろう。ざっくり結論だけ言えば、鍋である。深鉢形の土器が圧倒的に多いし、しかも下部が焦げたものが目立つ。たき火の上で、食べものを煮たのである。

平成二十五年（二〇一三）四月、イギリスの科学雑誌『ネイチャー』の電子版に、日英の研究チームが福井県三方上中郡若狭町の鳥浜貝塚の土器を分析した結果が発表された。土器の内側に付着した炭化物の成分を調べたところ、四十四点のうち十七点から動物の脂肪酸を検出したというのだ。どうやら鹿などの野生動物や鮭などの水生動物のようで、土器を三百度近い高温で煮炊きしたと結論づけられた。肉や魚は直火で焼いてもいいいが、鍋で煮るほうが栄養分を逃がさないし、だしが出ておいしくなるとともに、やわらかくなり、しかも野草や木の実の団子を一緒に煮ることができる。つまり、鍋料理だ。

縄文時代はまだ農耕が始まらず、植物資源を管理したり、栽培したりしていたが、狩猟や漁による動物性の食料より植物性の食料のほうが多く、なかなかにバランスがとれていたようだ。もちろん、食べものを確保し、飢えずに生き抜くことが何よりも重要な時代だったから、単純に現代の視点からだけでは判断はできない。

鳥浜貝塚の豊かな食生活

それにしても、鳥浜貝塚は多彩な食に恵まれていたようだ。三方五湖のうちもっとも内陸側の三方湖のほとりにあって、一万三千五百年前から五千五百年前にかけて栄えた村である。低湿地帯の遺跡なので、土器、石器のほか、水に漬かった木器が数多く発掘されているうえ、食材の遺物もたくさんある。

若狭町の縄文遺跡から出土したものを総合展示している若狭三方縄文博物館の企画展では、現代風にアレンジして推定した当時のメニューを紹介していた。おつまみは、豆の炒めもの、さざえの壺焼き。野菜料理は、油菜とぜんまいのサラダ、じゅんさい。魚料理は三方湖産の鯉の刺身、鮒の煮つけ、近海まぐろの刺身、鯛の塩焼きなど。肉料理は鴨のロースト、鹿肉のソテーほか。しかも、肉類は骨を割って骨髄をソース替わりに使っている。

なんとまあ、豊かな自然をしっかり活用して、多彩な食生活を楽しんでいたのである。

米の自給達成後の食

しかし、鳥浜貝塚が示しているのは、日本の食の原点のひとつにすぎない。弥生時代が始まると、和食の主役となる米が登場する。稲の栽培と米食文化が暮らしの中心になったのだ。一年の大半の時間をかけて栽培することにはなるが、うまく育てれば一粒を何百倍にも増やすことができる。小麦の場合は二百粒にもならないから、米の繁殖力はすさまじい。また、小麦は製粉しなければ食用にならないけれど、米は火を通しさえすれば粒のまで食べられるうえ、おいしくて、栄養にすぐれ、保存性がよい。

そして、保存がきくという点から、米は財産になり、あらゆる力につながった。弥生時代、古墳時代、飛鳥時代、奈良時代と下るにつれて、米を所有する者は権力者となり、米をつくる人々を支配するようになった。それ以降の時代も、米の取り合いと分配の比率によって戦争も平和も富も身分差も決まっていったのである。

米は最終的には誰かの口に入ったわけだから、米を食べられる人も、食べられない人もそれなりに米を意識し、米を基本とした食生活をめざすようになった。これが和食の始まりである。

ほんの数十年前まで米は貴重品だったから、雑穀や芋を主食にしたり、米をこれらで増量した「かてめし」を食べていた人もいたが、昭和四十年代（一九六五〜）に米の自給率が百パーセントになった時点で、米食は完全に普及したと考えていいだろう。

しかし、皮肉にも、ちょうど米が行き渡った時代から、日本の食の多様化が始まった。洋食、中国料理、各種のエスニック料理のほか、インスタント食品、ファストフードがつづけざまに登場し、主食も多種多彩になった。そのあげく、和食は手間がかかる、むずかしい、高価だと敬遠する動きまで出始め、伝統食にたずさわる人々の間には危機感が広がってきた……。

無形文化遺産「和食」

長い間「和食」という概念は、日本人の食事、日本料理という以上のものではなく、和食の特徴が体系的に分析されることもけっして多くなかった。それが、二〇一三年に、ユネスコによって「和食：日本人の伝統的な食文化」が無形文化遺産に登録されて以来、あらためて身の回りを見回し、「和食ってどういうものなんだっけ？」と考え始めているのが実情だと思う。

無形文化遺産とは、平成十八年（二〇〇六）にスタートした無形文化遺産条約にもとづくもので、平成二十五年（二〇一三）現在、百五十七カ国が締結している。世界遺産は遺跡や街並みなど有形のものが対象だが、こちらは形にならない行事、習慣などの文化に対して認定されるのが特徴だ。日本ではすでに能楽、人形浄瑠璃《じょうるり》文楽、歌舞伎、雅楽を始めとして、各地の祭り、行事のほか、和紙（二〇一四年に修正指定）、織物などが指定されていて、和食を加えて二十二件になった。

また、食にかかわる無形文化遺産でいうと、和食のほか、フランスの美食術（フランス）、地中海料理（スペイン、ギリシャ、イタリア、モロッコ）、メキシコの伝統料理（メキシコ）、ケシケキ（麦がゆ）の伝統（トルコ）、キムジャン＝キムチ作りの文化（韓国）、トルココーヒーの文化と伝統（トルコ）、クヴェヴリ＝古代グルジアの伝統的な発酵ワイン作り（グルジア）が登録されている。

ただ、これらは必ずしも元気な食文化ばかりとは言えないようだ。

たとえば平成二十六年（二〇一四）八月の読売新聞のインタビュー記事によると、食の遺産と文化のフランス委員会委員長のジャンロベール・ピット氏は「美食の基本は作ることにあるが、家庭で多くの人が調理に時間をかけなくなった。子どもたちはファストフードを中心に脂肪まみれの食生活を送っている。……美食の伝統というフランスの宝が失われてしまうという危険があり、無形文化遺産に登録して保護することを思いついた」と話している。

美食が行き渡った国というイメージとはうらはらに、フランスでは食への考えかたそのものが変わりつつあるらしい。「フランスの美食術」を喧伝《けんでん》するための無形文化遺産登録ではなく、美食術をなんとか守り伝えるための苦肉の策だったというのである。

和食の危機的状況

じつは、日本でも事情は同じだった。和食は危機的状況にあったのである。というよりも、日本の食全体が崩れつつあることへの歯止めとして、無形文化遺産という肩書きを活用しようとしたのである。

ただし、もうすでに指定を受けているわけだから、これからは日本の食をV字カーブで発展させていくために、無形文化遺産というブランドを十二分に活用していくことが大切だと思う。

無形文化遺産が生み出す効果は三つある。①日本人が「和食」のすばらしさにあらためて気づく。②子供たちの食環境が変わる。③地方の文化が元気をとりもどす。
①は視線の変化である。最近は、和食はむずかしい、古い、面倒と思われがちだった。和食の伝承の危機が叫ばれるくらい人気が下降していた。その和食が世界から認められる

ことにより、日本人自身が和食のすばらしさを見直すことができる。

②は、大人が「和食」を大切にすれば、子供たちの見かたも変わってくるということ。子供の食生活もいい方向に軌道修正されるだろう。また、子供に食の大切さをおしえたいと学校も行政も「食育」に力を入れてきたが、これにも素敵な追い風が吹く。「日本全国こども郷土料理サミット」、高校生の「全国高校生食育王選手権大会」、「ご当地！絶品うまいもん甲子園」など各地でおこなわれている食育イベントも、ますます弾みがつくことだろう。

そして、わたしがもっとも期待しているのは③である。今までの都会一辺倒が反省され、地方の文化に注目が行くからだ。「和食」の重要な要素の郷土料理、行事料理などの伝統の味が再評価されるし、食材の生産についても関心が高まるだろう。もちろん、どちらも農山漁村がはぐくんできた食文化である。いったん光が当たれば、どんどん「町おこし」が盛んになるし、大きくいえば「日本おこし」になるのも間違いない。

和食は「ご飯、漬けもの、汁、おかず」

農林水産省（以下、農水省）が無形文化遺産登録をアピールするにあたって発表した和食の特徴とは、「日本人の社会的慣習として伝統的につづいてきた食文化」という、とても大きな概念である。

具体的には、①多様で新鮮な食材とその持ち味の尊重、②栄養バランスに優れた健康的な食生活、③自然の美しさや季節の移ろいの表現、④正月などの年中行事との密接な関わり、となる。和食の魅力を分析すると、確かにそのとおりだが、具体的な食べものが出てこないので、まだわかりにくい。

思いきって、おおざっぱにくくり直してみよう。

まずは、和食の献立だ。一汁三菜が和食の基本と言われるが、わたしなりに嚙み砕けば「ご飯、漬けもの、汁、おかず」である。

第一は、お米のご飯。これが和食の基本のキだ。わたしは「ご飯をいかにおいしく食べるか」こそが日本の献立づくりの秘訣だと思っている。

第二は漬けものだが、一汁三菜と言うときには、品数に入っていない。ご飯と漬けものは、あるのが当たり前というのが、和食の大前提なのである。米と同様に消費が減少傾向なのはまことに残念だ。

第三の汁も忘れてはいけない。江戸時代まで武士の正式料理だった本膳料理では、二種も三種も汁が登場した。庶民は汁は一種だけだったが、お代わりしてよいというルールになっている。すでにご推察どおり、この汁とは基本的には味噌汁をさす。

というのは、日本は「お米の国」と言われるが、実際には「お米と大豆の国」だからだ。味噌汁の味噌も、おすましの醬油も大豆が原料だし、おかずの優等生の納豆も豆腐も大豆である。この二つを組み合わせると味わいがしっくりくるし、栄養的にも補完し合う。お米にない必須アミノ酸のリジンが大豆で補給できるのである。

おかずについては、食材はつとめて国産を用いていただきたい。そうであってこそ、ご自分の暮らす国土の「食」を全身で受け止めることができるのだから。もちろん、たとえおかずが一品であっても、それはそれで立派な一汁一菜の和食献立と言える。

栄養面からいうと、和食はとても健康的だ。PFCバランス（たんぱく質〔プロテイン〕、脂質〔ファット〕、炭水化物〔カーボハイドレート〕）がいい。厚生労働省と文部科学省で発表しているPFCの推奨価は、たんぱく質九～二十パーセント、脂質二十～二十五パーセント、炭水化物五十～六十パーセントとなっている。

しかし、この数字のバランスが保たれているのは昭和五十年（一九七五）度だけで、それ以前は脂質が少なくて炭水化物が多く、その後になると今度は脂質が伸びてきて平成二十四年（二〇一二）度には脂質が二十八・七パーセント（概算）と突出してしまった。わたしも含めて、胸に手を当てて考えればわかるとおり、米飯中心の食事の時代から、肉のおかずの時代に劇的変化をとげたのである。脂質が増えすぎて体にいいはずがない。自分たち自身の健康問題を含めて、日本人が和食について真面目に取り組むべきときが来ているのだ。

おいしさは「調味料」と「だし」

和食のおいしさの秘密は「調味料」と「だし」。どちらも、地味なのに滋味を醸《かも》し出す。いわゆる「さしすせそ」の砂糖・塩・酢・醬油（せうゆ）・味噌。そして、わたしが提唱している「こさかみや」。人の名前みたいだけど……昆布・酒・かつお節・みりん・薬味のことだ。

これらの調味料やだしが食材の持ち味を引き出し、引き立てることが和食のおいしさにつながる。とくに味噌・醬油という発酵調味料なしには和食そのものが成り立たない。

とはいうものの、伝統技術でつくられた「本物の調味料」「本物のだし」は売り上げが減少気味だ。「らしいもの」とか「もどき」があまりにも安く買えるからである。ユネスコのおかげでせっかく「和食」を見直すチャンスが訪れたのだから、ぜひいい調味料とだしを使っていただきたい。本物を使うだけで、いつもの料理が十倍おいしくつくれると、わたしは思っている。

ともあれ、静岡県静岡市清水区の乾物屋・次郎長屋では、お客の注文に応じて、目の前でかつお節を削っている。できるだけ和食に親しんでもらおうと、必死の努力が始まっているのだ。そう言えば、かつお節の「うま味」は和食テイストの代表として、欧米から注目を集めている。平成二十五年(二〇一三)、フランス政府からの正式招待で、地域食品ブランド表示基準の「本場の本物」認定の日本の生産者が参加し、わたしが同行した「食の祭典」をきっかけに、フランスにかつお節工場をつくる動きが具体化し、もう工事が始まっている。「フランス人シェフがフランス産のかつお節をかく」という光景が実現するのもまもなくである。

行事と食のおいしい関係

献立や味だけでは、和食の奥深さは説明しきれない。和食文化は料理だけでなく、日本人の暮らしと深く関わっているからだ。

言うまでもなく、伝統料理・郷土料理は、地域の風土に根づいている。海・川・山・野・里と自然環境が変化に富んでいること、四季が明確なこと、国土が狭いぶんどの地域も海にも山にも近くて新鮮食材が入手しやすいこと——日本人にとっては当たり前のことばかりだが、こんなすばらしい食環境の国は決して多くない。

だからこそ、無形文化遺産認定のときも「多彩な郷土料理」「行事食の文化」が大きく評価されたわけだが、これは農山漁村の女性がリードしている食文化でもある。なぜなら、和食は暮らし暦のなかにきっちり組み入れられていて、女性たちがつくった料理をみんなで一緒に食べる習慣がつきものだからである。それが伝統料理・郷土料理の姿だ。料理が伝わるとは、行事の心、地域の絆が伝承されるということでもある。料理は人の心を強くつなぐのだ。

そんなわけで、無形文化遺産に決まった瞬間から、わたしたちには和食を守り、継承していく責任が生まれたのである。

海と山の食の交流

食文化は生きものである。地域の食材を活用するのが基本とは言え、入手できないものはよそから運んでくる。たとえば塩の道だ。塩は生命をつなぐための必需品だから、海岸部から山地に向かって、長短いろいろなルートがはりめぐらされてきた。

「日本で海から一番遠い地点」という碑を長野県佐久市に訪ねたら、海まで百十五キロほどあるという。このあたりから諏訪地方にかけては太平洋側からも日本海側からも魚が届いた。塩尻（長野県塩尻市）という地名は、塩の道の終点という説も認知されている。

また、福井県の若狭地方では製塩土器が多数発掘されている。かなり古くから、短距離ながらも京都方向への塩の道があったに違いない。

そのほかの海産物は、運搬にかかる時間に合わせて加工された。たとえば身欠きにしんだ。北海道産のにしんをからからの乾物にしたものである。これは日本海側を行き来した北前船、あるいはその前身となる海上ルートで運ばれた。山形県では海岸から最上川舟運で山国へ運ばれたし、福島県の会津地方には山椒漬けという身欠きにしんの郷土料理がある。身欠きにしんをていねいにもどした京都のにしんそばは、敦賀か小浜《おばま》経由で運ばれたものを使ったはずだ。

海からもう少し近ければ、乾物や一塩にして運ぶ。よく知られているのは鯖街道だ。若狭地方から京都へ一塩ものの鯖を運んだ道で、最短で十八里（約七十一キロ）と言われる。京都名物の鯖ずしも、一塩のぐじ（甘鯛）も、この街道から生まれた美味である。また、福井県の山間部にある大野市には半夏生《はんげしょう》の日（七月二日ごろ）に焼き鯖を食べる習慣があるが、これも一塩にして運んだルートがあるようだ。同様の鯖街道は全国にあって、たとえば大分県日田市では玄界灘からの塩鯖でつくった鯖ずしを秋祭りの料理に欠かさない。

和食文化は福井にあり

わたしは『食の街道を行く』（平凡社新書）を取材したとき以来、食関係者の口から何かにつけて福井の地名がよく出てくることに引っかかっていた。また、和食というキーワードを大きくとらえると、福井県は日本全体のミニチュアのような環境であることにも気づいた。自然が変化に富み、四季が明確な日本列島の生活環境そのものが、四千百八十九平方キロメートルの県内に巧みに配置されているのである。

山奥の村もあるし、海岸には漁村があるけれど、おたがいに遠すぎるわけではないから、海の幸と山の幸はけっこう行き来している。山海里の食材を適宜組み合わせた食事は、日本人の理想なのである。

ということで、わたしは福井県を日本のひな型としてとらえてみることにした。名づけて考福学。福井を考える、食べる幸福を考えるといった意味合いである。もっとも、福井県がこの十年ほど使っている観光PRのキャッチコピーでもあるから、福井で食べられる幸福をじっくり味わう〝口福学〟といったニュアンスもある。

食材から行事食、食器から包丁に至るまで、この県には和食を彩るすべてがそろっている。もしかすると、福井県の食文化を調べることで、和食全体を俯瞰《ふかん》することができるかもしれない。――そんな思いつきから、和食と福井県の結びつきをしらべたわけである。

つけ加えると、福井県に目を向けた理由はもう少々ある。最近は、暮らしやすさなどの見地から福井県がメディアでしきりに取り上げられるが、県民気質についてふれているものは見かけない。そこで、あえて申し上げると――福井は雪深い土地なので粘り強くものごとに取り組むと言われ、それだけに純朴な人が多い。なにごとにも努力を重ね、工夫を凝らすのだが、いっぽうでは控えめでお人好しだ。それも、だまされたことに気づかないくらいに生真面目なのである。

福井県は南側が京都府に隣接し、北は雅びな金沢文化を誇る石川県だから、間にはさまれてちょいとコンプレックスもあるものの、追いつき追い越そうという闘争心まではもたない。穏やかなのだ。もうひとつ余計なことを言えば、旧越前国の嶺北《れいほく》と奥越、旧若狭国の嶺南では、気質にだいぶ違いがある。

いずれも福井県人には面と向かって言いにくいことだが、よきにつけあしきにつけ、そういう質朴さがいかにも日本人っぽい。世にあふれている日本人論をすべて「福井県人」に置き換えてもいいくらいに、長所も短所もそなえているのだ。

そんな福井県人の食とはどういうものか、あるいは、どういう食が福井気質を育ててきたのか。わたしなりの好奇心――名づけて「俯瞰食文化学」という視点から考えていきたいと思う。これぞ考福学&口福学なり。

第1章
御食国・若狭の海幸と鯖街道

小鯛のささ漬け、若狭ぐじ、若狭かれい

都の食を支えた御食国

日本の地図を見ると、中央部の地形はぎゅっと凝縮している。変化に富んでいるのだ。琵琶湖という派手な造形があるいっぽう、北からは若狭湾、西からは大阪湾が入り込み、南は熊野の峰々と伊勢、紀伊の海岸部が占める。奈良、京都はその真ん中にあたる。近畿地方と言うときの畿は都、天皇のいるところの意味だから、日本の都は海に向かってひらいていると言っていい。

古代の都の人々は若狭国、志摩国、淡路国などを御食国《みけつくに》と呼んで、海産物を中心にさまざまな産物を貢進させた。平安時代初期の法律集『延喜式』では、若狭国は十日ごとに雑魚、節日に雑鮮味物、また毎年生鮭、山薑《わさび》、稚海藻《わかめ》、毛都久《もずく》、於己《おご》を貢進することになっていた。

郷土史家の故・永江秀雄さんによると、平城京から出土した木簡には、若狭国遠敷郡の青郷（現代の大飯郡高浜町青郷付近）からの御贄《みにえ》として鯛、鯛腊《きたい》、鯛鮓《すし》などと食品名が書か

れているそうだ。これは、現代の若狭名産の若狭ぐじや小鯛のささ漬けの源流にあたると考えていいかもしれない。

また、永江さんのご子息で、若狭三方縄文博物館・副館長の永江寿夫さんは、

「若狭町には、朝廷の料理部門を担当していた膳《かしわで》氏のものと考えられる古墳がいくつもありますから、古代から都へ食料を運んでいたことは間違いありません」

と、別の面から裏づけてくれた。貝類や海藻の名を記した木簡も残っているほか、若狭では製塩が盛んだったから、広い意味では、若狭の海産物が都人の食をしっかり支えていたのである。

一塩、一干しの「若狭もの」

若狭湾は、丹後半島の経ヶ岬と越前海岸の越前岬を結んだ線の内側のことで、リアス式の複雑な海岸線がつづく。沖合は暖流と水温の低い日本海固有水の影響をうけ、また沿岸に流れ込む河川が山の栄養分を運んでくるので、プランクトンが多く、それを食べる魚類もまた多い。

「それはそうなんですが、日本海側は山陰から能登まではどこでも同じような魚が揚がるんです」

穏やかな口調ながら、ずばりと話してくれたのは小浜の海産物店・田中平助商店の田中孝次郎さん。

「それやのに、『若狭もん』だけが飛び抜けて評価が高いんは、加工技術のおかげやと思いますわ。魚をひらく、塩をする、干すといった単純な作業なんやけど、塩の量から干す時間、その日の天候にまでこまかく気を配っとる。それがまた、ひとつひとつ味に反映しとるんやから、おもしろいですよ」

確かに「若狭もの」は繊細だ。

「当然、つくる側も腕に自信があった。舌の肥えた都の人々をびっくりさせてやろうという心意気やったんやろね」

一口に「若狭もの」と言われるなかで、新顔は百年ほど前に始まった小鯛のささ漬け。明治時代に、小浜の池田商店が京都の業者といっしょに開発したと言われる。今は小浜市で十数軒の専門業者が製造しているが、田中平助商店のささ漬けは、工芸品のように繊細でたおやかな味わいだ。

小鯛のささ漬けの繊細味

ささ漬けにするのは小鯛といっても真鯛の子供ではなく、別種の連子鯛《れんこだい》（黄鯛《きだい》）である。

姿は真鯛そっくりだが、体色には朱色や黄色い部分が混じり、体長はせいぜい三十センチにしかならない。

その連子鯛のなかでも、体長十センチほどの小鯛が原料だ。あんこ入りの鯛焼きより小ぶりなくらいだが、これをきちんと三枚におろす。田中さんは、

「女の人たちに作業してもらうんやけど、まったく神業《かみわざ》です。鱗をきれいに取ってから、包丁で三枚におろすんです。そして、小骨をすべて抜く。小鯛とはいえ、鯛の骨はかたいさかい、絶対に口の中に入れへんように心がけているんですわ」

まさしく精密作業である。ガラス越しに仕事場を見たら、鱗を取っているのは、先ほどわたしにお茶を出してくれた奥さんではないか。社長も社長夫人もここでは〝食の職人〟なのだ。

このあとは、おろした小鯛に塩をして一晩冷蔵庫で寝かせる。翌朝、水に漬けて塩出しして、きっちり水気を切ってから特製の調味液にくぐらせる。身が小さくて薄いだけに、ほどを見極めながら味を加減してやらなくてはいけない。また、杉の小樽に詰めるときは、白板昆布をはさんだり、笹の葉をあしらったりと、こまかくしつらえる。目からもおいしさを味わうための繊細な心配りである。もちろん、食べ頃を逆算して、必ず樽詰めした当日の午後早めに出荷するのが鉄則だ。

小鯛のささ漬けは、10センチほどの連子鯛を３枚におろし、小骨をすっかり抜いて酢にくぐらせる。樽形の容器にも「若狭もの」の繊細ぶりがあらわれている。

わたしが試食したのは、取材を終えて帰京してからのこと。まず、木樽の姿が見目よく、木の手ざわりが心地よい。杉の香りと酢の芳香が混じった木蓋をあけると、桃色の小鯛が軽やかに重なっていた。いちばん上には小ぶりな笹の葉。小鯛の身は一口サイズ。にぎりずしのネタくらいだ。そっと口に入れると、刺身のような歯ごたえ。しっとりと鯛の味が広がり、そのあとを酢と昆布のうま味が追いかける。酢漬けというほどではなく、酢にくぐらせた程度のき具合だから、なんとも品がいい。

じつは、連子鯛の身は水分が多くてやわらかい。だから、刺身で食べると水っぽい印象になるのだが、ささ漬けにすると、塩の効果で水分がちょうどよく抜けて、うま味が凝縮する。

残りを翌日食べたら、今度は酢の味が軽くきいていて、これまたいい感じ。三日目は身が締まってきたので、あつあつご飯の上にのせ、わさびを添えていただいた。なお、どの段階でも、鯛茶漬けにするというおつな楽しみかたもある。

欲張りなわたしは、すでに小浜市の市場町・いずみ町の田村長《たむらちょう》から、小鯛の昆布締めも送ってもらっている。ささ漬けのバリエーションで、こちらは角形の杉箱入り。中の小鯛は白板昆布ですっぽりくるまれ、酢味は限りなく淡く、昆布のうま味のみをまとっている。鯛の身が薄いぶん、昆布のエッセンスが染み込みやすいのか、ねっとりしすぎることもなく、鯛と昆布がみごとに溶け合っていた。

美味の最高峰、若狭ぐじ

「若狭もの」の花形は「ぐじ」こと甘鯛である。アカアマダイ、キアマダイ、シロアマダイとあるうちのアカアマダイだ。おでこの張り出した容貌から方頭魚《くつな》、屈頭魚《くつな》と呼ばれたのが、ぐじに転訛したらしい。

タイと名がつく魚は二百種類以上もあって、いずれも真鯛の色や形にあやかろうとしているけれど、甘鯛だけは違う。本家の真鯛とはまったく別のうまさをもち、堂々と一家をなしている。ただし、美味を発揮させるには、一塩にして身の水分を抜き、うま味をきわだたせなくてはならない。その塩使いの技に、若狭人はすぐれているのだ。

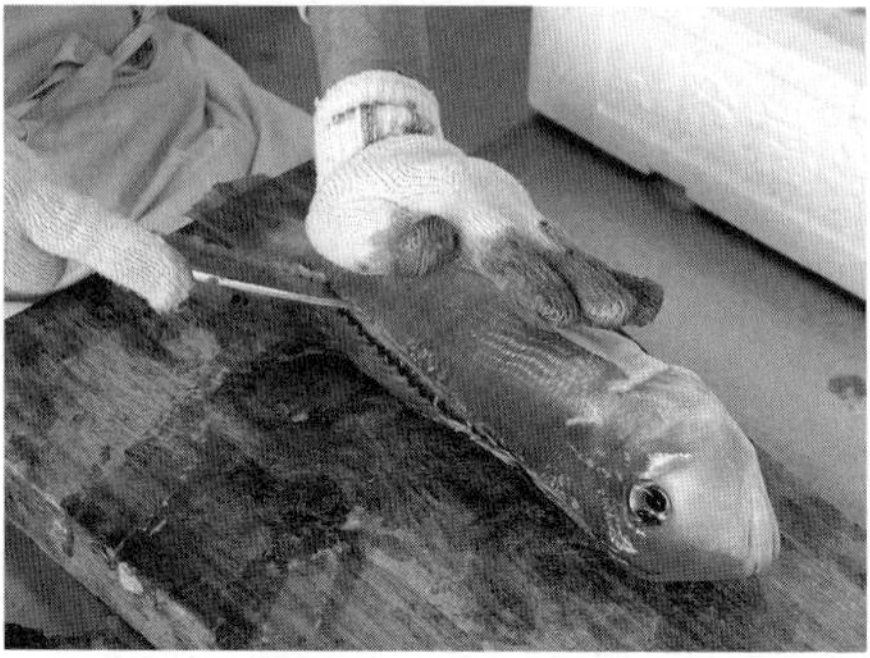

ぐじは背開きにして塩をすり込む。皮側は強めに、身には少量をふる。鱗をつけたまま一塩にするのが「若狭ぐじ」の特徴。（田中平助商店）

田中さんが自ら作業を見せてくれた。ぐじは頭ごと背開きにし、キッチンペーパーを何枚も使ってすっかり水気をふきとる。次が見ものだ。手のひら全体に軽く塩をつけ、ちょうど相撲で手刀をきるような感じに手をふって、ごく少量を魚全体に均等に行きわたらせる。そのいっぽうで、目と胸びれの裏側には多めに塩をすり込む。

魚をおろして塩をするだけの工程には違いないが、ひとつひとつの仕事がていねいだ。

「そこが『若狭もん』なんですわ」

と、田中さんは、本日分のぐじ七尾をそっとバットに並べてから、ようやく口を開いて表情をやわらげた。

一塩にするのは、かつては保存のためだった。大消費地の京都に運ぶには、鯖街道で一晩かかったからだ。でも、それがちょうどよく塩が回る頃合いであり、味がのるタイミングだった。「若狭もの」は流通面での恵まれた環境から誕生した生鮮品でもあるのだ。

〝一塩〟から生まれる美味

さて、若狭ぐじは鱗をつけたまま焼くのが特徴だ。これを称して「若狭焼き」という。うま味が鱗と身の間にあるからだし、身くずれしにくいという利点もある。

わたしが帰京する日に合わせて拙宅に届いたのは、田中平助商店のぐじの味噌漬けとかす漬け。かす漬けは「早瀬浦」（185ページ参照）の大吟醸の酒かすで漬けたものだ。どちらも真空パックされ、宅配便の冷蔵便で到着した。

味噌漬けは、ぐじをガーゼでくるんだ上から味噌を塗りつけてあるので、ガーゼをはがせば、魚には味噌はついておらず、しっとりした桃色の肌とふくらみを見せている。なんてつやっぽい魚なんだろう。

同封の説明書どおり、焼け具合を見張りながら丹念に火を通した。田中さんからそっとささやかれた「全身うまいけど、とくにうまいのは腹部分の背中側」というあたりに狙いを定めて箸をつける。皮をはがして、一口。あまーい。ふっくらー。やさしーい。人生の幸福がきわまる一瞬だ。とてもとても筆舌に及ばない。あえて言葉を選ぶなら、はんなり、がふさわしい。ぐじの持ち味と白味噌——京都の石野味噌の品に秘伝の技を加えてあるとか——の二つが一つになったおかげで、おいしさは百倍増になっている。

心底から欲張りなわたしは、田村長の味噌漬けも取り寄せておいた。こちらは社長の田村仁志さんが練り上げた特製味噌を塗りつけたものだ。

簡単でおすすめというアドバイスどおり、フライパンにクッキングシートを敷いて、ぐじをのせ、弱火で蒸し焼きにした。なるほど、味噌がついているのに焦げない。いえ、香りつけ程度にほんのり焦げ目が追いかけてくるのが、こころにくい仕上がりだ。

こちらも、やはりお腹の背中側部分を先にいただいた。あまーい。味噌がおいしーい。ぐじもおいしいーっ。それぞれの風味が口の中で共鳴して、第三の美味を創り出している。奥行きが深いとは、こういう味を言うのであろう。ご飯を一口二口ほおばったら、さらにすばらしい。口中調味によって、和食の味はふくらむのだ。

以下は付加情報。小浜市郊外の料理屋・花山椒でぐじの各部分を食べ比べたけれど、場所によって少しずつ違いはあるものの、味に甲乙はつけられなかった。もしも評価するなら甲と甲であろう。

皇室に献上される若狭かれい

逸品がもうひとつある。若狭かれいも一塩もので、こちらは風に当てて軽く干し上げるのがおいしさのコツ。かれいは日本近海に四十種近くも棲息するが、ヤナギムシガレイを原料とする一夜干しを若狭かれいと称し、地域団体商標として登録している。

ヤナギムシガレイは笹がれいとも呼ばれる。名前どおり柳や笹の葉に似た細身のかれいで、干すと魚体全体が半透明になる。焼くときは、遠火の弱火で炙る程度に熱を通せばいい。ふんわり白い身はあくまで淡白で上品なのに、うま味がすこぶる濃い。お腹の卵がピンクに透ける十一月末から十二月の味のすばらしさは、人生で一度は試してみたいもののひとつだ。けっして安くはない価格だけれど、それに見合うだけの美味である。

「小浜の魚屋は、自分の仕事のレベルを落とすのをいやがるんですよ」

と分析するのは、田村長の田村仁志さん。

「若狭かれいにしても、他の地域ではわただけ取って干すけれど、小浜ではわたもえらもきれいに取る。作業の手抜きなんてしないし、できないんです。あんじょう仕上げた、という満足感を大事にするんです」

もちろん、田村さん自身もその一人である。

さて、干すときにどんなふうに手をかけているかは、御食国若狭おばま食文化館でジオラマにして展示されているから、ご覧になるといい。

わたしは、小浜市お魚センターの大澤五右衛門商店の大澤高則さんの手さばきを見せてもらった。わたとえらを抜いたヤナギムシガレイに、ささっと塩をふり、ひれにあたる縁側部分には塩を一こすりする。最後は、えらぶたを上げて、塩を多めにすり込む。これを竹串に刺し通して、晴れた日に冷たい浜風で半日干すのがコツだが、現代は衛生上問題ありと言われるので、屋内で干さざるをえなくなった。大澤さんがいちばん口惜しがっていることだ。

それでも、うまいものはうまい。隣接の直営食堂で、焼き立てをいただいたら、塩をしたはずなのに味わいはあくまでほの甘く、純白の身は軽やかにほぐれた。ピンクに透けて見える卵はねっとりして風味が濃い。どちらにも柑橘を絞る必要などまったくない。一塩と一干しだけで味が完成しているのである。

御食国若狭おばま食文化館のジオラマ。江戸時代の若狭かれいづくりが再現されている。若狭の漁村の原風景である。

なお、この若狭かれいは旬の十二月になると、皇室に献上される。また、越前がに（116ページ参照）は例年一月に同じく献上される。御食国としての記憶が、今も生産者たちの心に残っているゆえの慣習であろうか。

なにげない魚をうまく干す

「若狭もの」といっても高級品ばかりではない。小浜の魚市場近くの田中平助商店では、〝本日の干物〟と称して、田中さんが毎朝市場で仕入れてくる小魚を少量ながら販売している。

店先で試食させてもらったら、うるめいわしの丸干しがいい味だった。長い竹串に目を刺し通したうるめが十五尾ぶら下がって、二百円なり。生で食べられる鮮度のものを、わざわざ干すから、エッセンスがしっかり閉じ込められている。

また、はたはたの醤油干しは十尾で三百五十円。「今年の初物だったので、つい競り落としてしまったんです」とのことだったが、奥さんが焼いた焼きたてを一口かじった田中さんは、「ちょっと季節が早かったか」と渋い顔。とんでもない、脂ののりが軽くてちょうどいい具合じゃないですか。

いい小魚を見ると、干してみたくなる――小浜の〝食の職人〟気質は田中さんの芯にまでしみとおっているのである。

地元で愛され、京都で珍重された鯖文化

「生き腐れ」の鯖の美味

食文化は環境から生まれ出《い》ずる。和食のおかずは野菜と魚が中心だった。野菜は稲の栽培の合間につくれたし、国土の四方は海だから必然的に魚介が多くなる。海から遠い地域には保存がきくよう一塩ものや干物、乾物にして運ばれた。

ご存じのとおり、鯖《さば》は大衆魚だ。うまいうえに大量に揚がるから安い。煮ても焼いてもいいし、味が濃くて脂があるからご飯と相性がいい。おかずにぴったりだ。

いわゆる青魚だから、いわし、さんまなどと同じイメージでとらえてかまわない。いずれも大きな群れをつくる回遊魚であり、不漁のときも多いけれど、基本的にはどっさりとれるから、魚からたんぱく質をとることを原則とする和食にとっては、すばらしい存在だ。

鯖は脂質の点でもよくできていて、エイコサペンタエン酸（ＥＰＡ）やドコサヘキサエン酸（ＤＨＡ）などの不飽和脂肪酸を多く含む。これらが悪玉コレステロールを減少させるという健康効果は現代人の常識である。

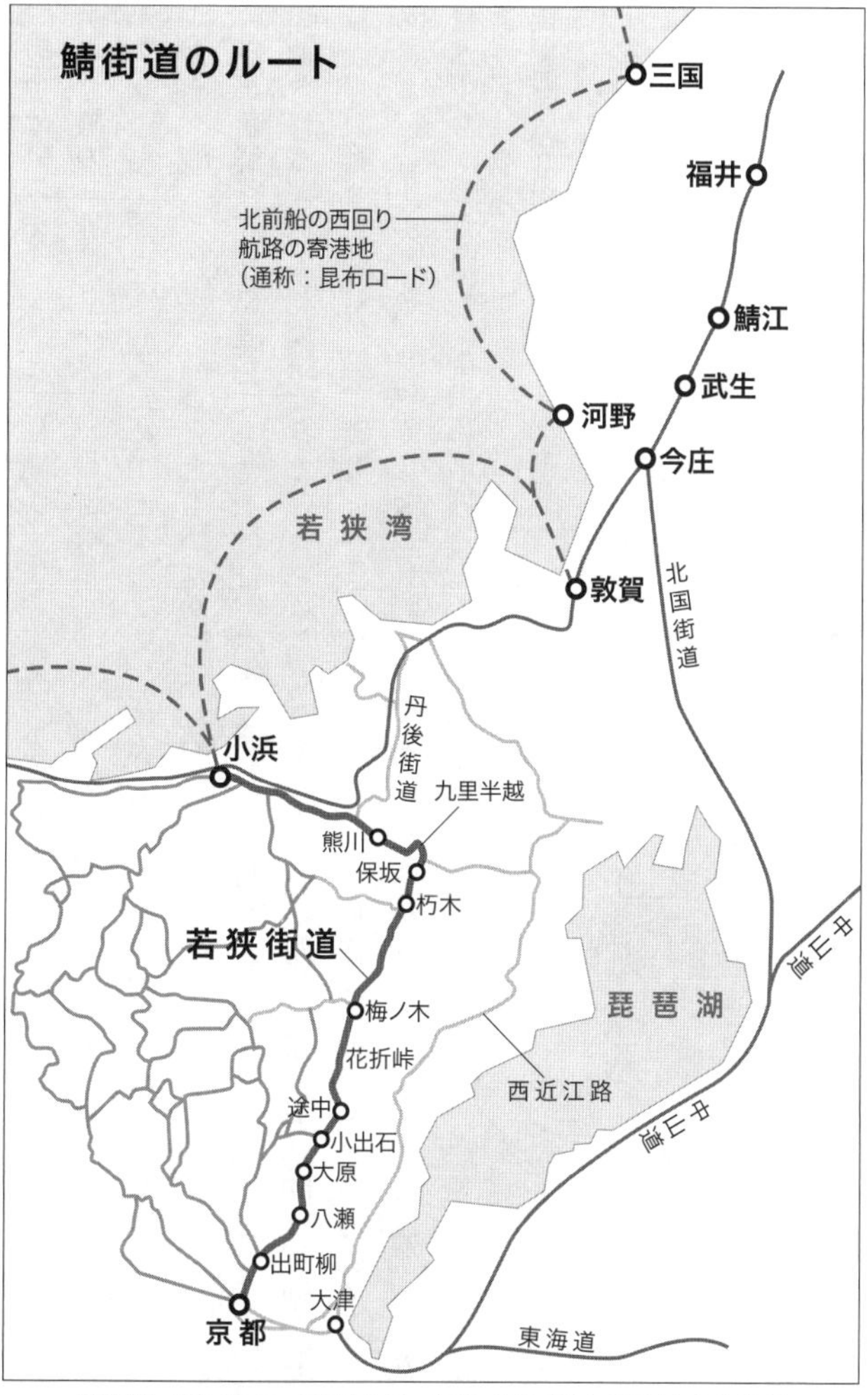

鯖街道には多くのコースがあるが、京都へ最も盛んに利用された街道が、小浜から熊川を経て朽木谷に入り滋賀県の途中を経由して京都の八瀬から出町柳に至る若狭街道である。

青魚は傷みやすく、とくに鯖が「生き腐れ」と悪口を言われるくらいに足が早いのは、アミノ酸の一種のヒスチジンの含有量が多く、鮮度が落ちるにつれて成分中のヒスチジンがアレルギー源に変わるためである。といっても、ヒスチジンはうま味要素でもあり、グルタミン酸、イノシン酸などともつながっている。

鯖が新鮮なうちに塩をふっておけば、「生き腐れ」が抑えられて、うま味成分のほうが強調される。一塩した鯖はうまいということ。そして、その変化にかかる時間は、鯖を若狭から京都まで担いで運ぶ時間とみごとに一致する。この運搬ルートが鯖街道である。もちろん、若狭かれい、若狭ぐじなども同じ道を運ばれていたけれど、そちらは高価であり、量が少なかったため、街道の名称としては多数派の鯖が勝ったのである。

山があるから海が育つ

鯖は世界の暖流域に分布する回遊魚で、日本海にも太平洋にも棲んでいる。ただし、近年の全国漁獲量は昭和五十三年（一九七八）の百六十万トンがピークで、以降は五十万トン前後にまで減ってしまった。それにつれて価格も上がったから、大衆魚というイメージは早晩消えてしまうかもしれない。

小浜港では昭和二十三、四年には連日連夜水揚げがあったというが、最近、わたしが小浜魚市場を見た限りでは、鯖の入ったトロ箱は指を折って数えられるほどだった。

魚市場の事務所でお会いした福井県漁業協同組合連合会の小浜支所長・森下宗一さんは、

「この四十年間で、ずいぶん状況が変わってしもた。まず、鯖は激減しました。ワタリガニなどは小さいもんしかとれへん。ほんで、サワラとかサゴシっちゅう南方系の魚が一段と増えてきた。海が変貌してもうたんです」

と、目の前の小浜湾に目をやった。地球温暖化の影響だろうか。

「南の魚がとれるのは海流の温度のせいやろけど、小浜湾で言うと、不漁は山が荒れてることが影響しとんのやと思います」

小浜湾には河川がいくつも注いでいるが、上流部の山の手入れが行き届かず、泥が流れ込んで海を汚しているというのである。かつて植林した杉の木の価値が下落したことと、里山が消えたり減ったりしたことで、山の面倒を見る人が少なくなったのである。また、川の水がきっちり管理されすぎてしまい、栄養源になるものが流れてこないのも痛い。下水道の完備はプラスばかりではないのだ。

とどのつまり、プランクトンが発生しにくくなり、それを食べる小魚も、その小魚を食べる大型魚も棲みづらくなってしまった。乱獲の問題も大きい。食材を支える環境があちこちでほころび始めているのだ。世界的な問題になっているまぐろやうなぎの減少にしても、食料資源を無限のものと考えて粗末に扱いすぎたところに問題がある。

だが、まだ間に合う。早朝、わたしは小浜魚市場のすぐ横で漁船が次々に水揚げする様子を見ていて、海の恵みの豊饒さにあらためて目を見張った。多種多彩な魚が種類ごとに、超大物から極小まできちんと仕分けされていく。漁獲量としては昔より減っているはずだが、目の前の海にまだこれだけの海の幸がひそんでいるのだ。放流したり養殖したりと魚を育てるいっぽうで、海自体を守り育てる努力を積み重ねていけば、まだ盛り返せるのではないだろうか。いや、何としても海を生き返らせなければならない。

食文化の道、鯖街道

現代、商品は大消費地に集まる。じつは、各地の魚市場には発送仲買人と呼ばれる人たちがいて、競り落とした魚をそのまま需要のあるところに回送している。だから、福井県をめざして、青森県八戸港からも静岡県焼津港からも鯖がやってくる。さらに、海を越えてノルウェーからもタイセイヨウサバが空輸される。福井の人は鯖に目が肥えているから、届くのは上物ばかりだ。そして、その鯖にもう一手間二手間かけるのが、若狭流の鯖の食べかたなのである。

鯖は水揚げしてからが勝負だ。すぐに傷み始めるから、いかに早く、いかにおいしい状態で運搬するかに商品価値がかかっている。まして、冷蔵庫がない時代、トラックや列車がない時代には、その問題をどうクリアするかが生産・流通の要《かなめ》だった。

それだけに、水揚げされた鯖は小浜をめざして集まってきた。ここから大消費地の京都までは前述のように十八里（約七十一キロ）。鮮魚のままでは運べないが、一塩すればちょうど食べ頃を届けられる。

ルートはいくつも開発されたが、最終的には若狭街道がメインになった。最短距離であり、途中の宿場も整備されていたので、魚に限らずあらゆる商品や人がこのルートを使って往き来したのである。

具体的にはどんなものが運ばれたのだろう。郷土史家の故・永江秀雄さんが若狭街道・熊川宿での調査結果を報告している。問屋の覚書によると、享保十四年（一七二九）の取り扱い品目は「米、大豆、小豆、カレイ、アゴ、干アジ、干ダラ、シイラ、能登イワシ、能登サバ、コダイ、ブリ、鱒、ハマチ、干サケ、カズノコ、ニシン、コンブ、ナマコ、タバコ、厚紙、半紙、足駄、油粕、木地、紅花、ゴマ、コロビ、木ノミ、鉄、銭」とある。そして、「米のなかには、越後、宮津、田辺、三年山《みねやま》、豊岡、出石《いずし》の御蔵米など、他藩のものが目につく。日本海沿岸一帯の諸国、時には北海道の産物も、この熊川を通り、京阪そのほかの地方へ送られていたことが知られる」（永江秀雄『若狭の歴史と民俗』）と、まことに多彩である。

現代では、そのうちの鯖だけをピックアップして鯖街道と呼んでいるわけだが、この名称は意外に新しいようだ。永江さんは「ここ数十年の間に文筆家によって言い出されたものではないか」と述べている。どうやら、鯖街道という名は象徴的なものではあるにせよ、街道の本質をわかりやすく言い当てた名キャッチフレーズと言えそうだ。

「京は遠ても十八里」

鯖街道を体感するには、福井県立若狭歴史博物館がおすすめだ。京都から若狭にかけての大きな立体マップがあるからだ。高低差を七・五倍に拡大してあるので、京都・小浜間に連なる山々の様子がよくわかり、網の目のような鯖街道のルートが地図上に投影される。——福井県の博物館は、恐竜博物館ばかりでなく、展示に一工夫してあっておもしろい。

この立体地図を見ると、一本の道だけが平坦なところを選び、直線でつづいているのがくっきりわかる。ルートは、小浜から熊川宿を過ぎ、水坂峠《みさか》（保坂峠《ほうざか》）を越えたら、九十度曲がって南に向かう。滋賀県の朽木《くつき》まで進むと行程のほぼ半分で、花折峠を経て、大原、八瀬《やせ》を通って京の街に入り、出町柳が終点。そこから市内の錦市場、魚の棚町へ運ばれた。与謝蕪村が安永五年（一七七六）に詠んだ俳句「夏山や通ひなれたる若狭人」そのもののイメージである。

いっぽう、時間の流れからいうと、小浜に朝揚がった鯖はすぐに塩をされ、魚荷衆にかつがれて昼には熊川を過ぎ、夜通し歩いて明け方には八瀬を通過する。近くの山端にある平八茶屋には、都の美食家たちが待ち構えていて、すぐさま料理して舌鼓を打ったものだ。

鯖街道の熊川宿

鯖街道の終点・京都で鯖が珍重され、途中の滋賀県にも鯖ずし文化が根づいたが、本家の福井県では、鯖文化はもっと多種多様に発展してきた。

たとえば、小浜市だ。いずみ町商店街では、通りのちょうど真ん中に「さば街道起点」のプレートが埋め込まれていて、付近には魚屋、海産物問屋、焼き魚自慢の食堂などが並んでいる。わたしが若狭ぐじを取り寄せた田村長もその一軒である。

田村長の田村さんは鯖街道マニアで、趣味のウォーキングで何度も往復したことがあるそうだ。また、京都トライアスロンクラブ主催の「鯖街道ウルトラマラソン」はもう二十年もつづいている。鯖が通らなくなっても、鯖の道のこころは生きているのである。

さきほどふれた熊川宿は、鯖街道の宿場であることを活用して地域おこしをはかった。江戸中期には二百戸以上もあって、現在も一キロ以上にわたって資料館などの伝統的建築

鯖街道の熊川宿は、旧街道の情緒を残す家並みが1キロほどつづく。重要伝統的建造物群保存地区に指定されている。

や生活雑貨の店、土産物屋、一般住宅が連なり、新旧が入り交じりつつ、しっとりした宿場町の風情を醸し出している。また、重要伝統的建造物群保存地区に指定されている。

熊川宿の資料を展示する宿場館のボランティア・宮本一男さんが裏話をおしえてくれた。

「郷土史家の永江秀雄さんは上中（関）の出身で、昔は熊川小学校で教員をされており、息子さんともども宿の保存にがんばってくれたんです。わたしは小学校のとき、永江先生の教え子だったんですよ」

若狭は狭いというか、人のつながりが濃いのだ。また、七十三歳の宮本さんの子供時代までは行商が盛んだったとも聞いた。

「荷物を担いで、熊川から国鉄バスで京都方面に出かけたもんです。行きは魚をかつぎ、帰りは反物などを仕入れてきた。軽くて儲かる荷を選ぶのが、疲れないように毎日往復するコツなんです。ですから、往復の行ったり来たりで稼ぐという意味で〝のこぎり商売〟と言われていました」

さいわいに来館者はわたしだけだったので、そのほかにも、鯖の卵や白子の煮つけが晩のおかずに出たとか、宿場の脇を流れる小川で大うなぎをつかまえたとかの思い出話を聞かせてもらえた。

資料をいくら見てもなかなか頭に入らないが、生きた体験談はわかりやすいし、記憶に残る。土地の人にできるだけ話しかけて、旅の楽しみをふくらませるのがわたしのやりかたなのだ。

そういえば、宮本さんの実感では、

「昔は川の水で料理をしたし、下水にも使っていた。その水が海に流れ込んで栄養になったおかげで、鯖がたくさんとれたのだと思いますよ」

とのことで、小浜の魚市場で聞いた話とぴったり平仄《ひょうそく》が合った。日本の海と山はひとつなのである。

鯖のぬか漬け、へしこ

ところで、小浜には鯖を一塩にして食べる習慣はない。なるほど、とれたてが入手できるのだから、しめ鯖が盛んなのかと思ったが、意外にもそれほどでもない。いちばん人気は浜焼き鯖である。鯖のわたを抜き、丸のまま串を打って炭火で焼き上げるのだ。脂がほどよく落ちて身が締まるから、うま味が凝縮する。それで、小浜近辺では祭りや各種の人寄せの際には、必ず浜焼き鯖とお赤飯を食べるならわしになっている。

浜焼き鯖を活用した郷土料理もある。なまぐさ汁である。古民家を改装した農家レストラン・あばん亭で試食したら、おかず用の汁物で、焼き鯖をほぐしてだし代わりに用いて、豆腐、麩、ねぎ、ちくわなどを煮たものだった。名前のわりにちっとも生臭くないし、むしろいい味が出ていた。代表・小谷清美さんの力作である。

福井県全体に目を向けると、鯖でいちばん喜ばれるのはへしこだ。一年がかりで漬け込む鯖のぬか漬けである。本来は海が荒れて漁に出られない冬期のたんぱく源だった。ところが、保存食の必要がない時代になってから、逆に滋味あふれる郷土食として人気が出始めた。発酵食品には魔味ともいえる深遠な魅力があるのである。

赤羽義章福井県立大学名誉教授の研究によると、へしこは発酵・熟成によって遊離アミ

なまぐさ汁は、浜焼き鯖をほぐしてだし代わりにし、野菜類や豆腐、ちくわなどを煮た具だくさんの汁物おかず。（あばん亭）

へしこは鯖のぬか漬けだが、ぬか臭さは一切なく、鯖のうま味が凝縮している。福井人が大好きな郷土食である。日の出屋のへしこのにぎりずし。

ノ酸と酸可溶性ペプチドが増加し、独特のうま味を醸し出すということだ。さらに、ペプチドには血圧の上昇を抑える働きもある。福井県人の平均寿命が全国第二位というのは、へしこの効用なのかもしれない。

へしこ名人、女将の会

三方五湖の日向湖《ひるが》のほとり、三方郡美浜町。へしこづくりですっかり若返っているのは美浜町の民宿・日の出屋の女将・加藤美樹子さんとその仲間たち。熟年といえば確かにその年代に近いけれど、みんな気持ちも表情も生き生きしている。四名全員が民宿経営なので、名づけて「女将の会」。八年前にスタートし、専用作業場に集まって一度に鯖を千本ずつ、年に六、七回は漬ける。若狭言葉で「圧《へ》し込む」＝「押す」がなまったという説があるとおり、鯖をひらいて塩で下漬けしたあと、しっかり重石をかけてぬかで漬け込む。二十キロの石を三個ものせて圧すから、途中で水が上がってくるが、これは魚醬、つまりうま味成分なので、よく漉して戻し入れる。これもコツのひとつだ。

「女将の会のメンバーは、もともとが自分で漬けていた人たちだから、それぞれに秘伝があるんです。それをもち寄って、さらに工夫して隠し味をいろいろ……ははは っ」

美樹子女将は、年齢を重ねたおかげで自分の時間がやりくりでき、へしこを自由自在につくれるようになった現在が、人生でいちばん充実しているという。
見回すと、樽を並べた作業場はずいぶん細長い。元は舟小屋なのだ。暗い作業場から出たら、目の前は日向湖《ひるが》。海とつながってはいるものの、湖面には波などまったくない。堤防も一切ないから、道路のすぐ傍らに漁船がもやっている。湖面の向こうにはなだらかな青い山。あまりに穏やかで美しい風景だけに、何度も映画のロケに使われている。そっと見せてもらったら、美樹子さんのいちばんの宝物は、なんと俳優の故・高倉健さんとのツーショット写真だった。

美浜町の女将の会では千本単位で鯖を漬け込み、重石をかけて約一年寝かして仕上げる。

漬け上がったへしこは、一部は小浜の物産館やこだわりスーパーでも販売するが、メインは地方発送だ。別にPRしているわけでもないが、おばちゃん四人グループの手づくりへしことなれば、新聞もテレビも雑誌も興味しんしんで取材にやってくる。それを見て、インターネットやら電話やらでお客さんが問い合わせるのだ。女将の会のへしこは癖になるおいしさだから、一度取り寄せるとリピーターになる人が多い。

「顔を忘れちゃってるお客さんや、知らないお客さんもいるけど、発送伝票を書くたびに顔や声を思い出すし、親しみが出てくるんですよ」

こんなふうに、今や郷土の特産品は宅配便のおかげで全国に発送できる。ゆうパックもクロネコヤマトも佐川急便も、食文化の大切なパートナーなのである。

美樹子さんの民宿・日の出屋の夕食には、日本海の幸と並んで、自慢のへしこがさりげなく登場する。ぬかを落として軽く炙った焼きへしこ。塩辛くはなく、よく熟成しているぶん味が濃厚で、鯖のエキスがそのまま凝っている。さらに、ほんのりした焦げ香がいいアクセントだ。

お次はへしこの茶巾ずし。へしこを酢飯にのせ、ふきんで丸く形づくったものだ。へしこの発酵香が酢飯とよく合い、トッピングした白ごまが風味を添える。

こんなおいしい健康食品を年中食べているなら、女将さんたち全員、百歳以上のご長寿になるに決まってる。

発酵した美味、鯖のなれずし

小浜市の東部に位置する田烏《たがらす》地区は小浜湾に面した漁村で、ここを起点にした鯖街道のルートもあった。

この浜で、鯖のなれずしに一家言もっているのは、漁家民宿を営む森下佐彦さん。番屋を改造した作業場に並んだ樽を指さしながら説明してくれた。

ここのなれずしは独特で、まずへしこをつくり、それをさらに漬け込む。

「最初にぬかを落とし、へしこを水につけて塩出しするんやわ。ほんで鯖の薄皮をむいて酢にくぐらせたあと、麹とご飯を鯖に詰めて、桶で十五日間ほど漬け込むんですわ」

用いるご飯は福井県産コシヒカリ。つまり、米文化があってこそ初めてつくれる郷土料理なのだ。おまけに、へしこづくりにはぬかが不可欠。ぬかとは精米するときに除かれた米の表層部分だ。また、麹はご飯に麹菌を繁殖させたもの（85ページ参照）である。ご飯と麹を詰めるのは、麹をさらに増やしてまんべんなく風味をつけるのが目的である。和食はご飯とおかずで成り立っている食事だけれど、おかずもまた米なしではつくれないのだ。

さて、森下さんの新しい作業場は廃校の一室である。日本中どこも同じで、この地区でもやはり子供が少なくなり、小学校が統合されたのである。森下さんとしては、地元の子供になれずしを伝える機会が失われたのは残念だが、その代わりに、三十〜五十代の青壮年が数人集まり、我袖クラブというなれずし生産グループを立ち上げ、廃校に共同作業場を設けてくれたのである。とにかく、伝統食文化は後継者がいなければすぐに消え去って

田烏の鯖のなれずしは、へしこを塩出しして麹とご飯で漬けた逸品。発酵食品ならではのコクとうま味に満ちている。

しまう。

本日の宿泊は森下さんの民宿・佐助。鯖のなれずしが姿盛りで、どんと一尾大皿に鎮座していた。よく太った鯖で、中に詰めたご飯は純白。米粒が半ばとろけている。まるで雪をまぶしたようだ。

口に入れると、みっしりした鯖の風味と、甘酸っぱいご飯が溶け合い、発酵の香りがふわりと立ち昇る。これは、冷酒にぴったりだ。

なお、田烏の鯖のなれずしは平成十八年（二〇〇六）にイタリアのスローフード協会国際本部により「味の方舟《はこぶね》」の日本代表の一つに認定されている。チーズなどで発酵食品に慣れているヨーロッパでは、なれずしのおいしさが理解されやすいのだろう。

大野市の半夏生鯖

鯖を愛するのは海岸部の人だけではない。奥越と呼ばれる大野市、勝山市にも美味がある。いわば山の鯖だ。

大野市では、焼き鯖を半夏生《はんげしょう》の日に食べる習慣がある。半夏生とは七十二候のひとつで、農家はこの日までに田植えを終えるのを目安にしている。現代では七月二日前後にあたる。田仕事の疲れを癒すには、脂ののった鯖を食べるのがいちばんなのだ。夏バテのときのうなぎ、秋口のさんまと同じことである。しかも、かつての大野藩は越前海岸に飛び地の領地をもっていて、そこでは鯖が大漁だった。「半夏生には鯖を食べよう！」とPR作戦を思いついたのが殿さまだったのか、賢い魚屋だったのかはわからないが、今ではすっかり大野の名物として定着している。

大野は碁盤の目のように区割りされた美しい城下町で、七間通りの朝市が名物。町全体におっとりした空気が流れている。半夏生の当日、三番通りをゆっくり歩いてみたら、煙がもうもう。魚屋兼仕出し料理屋の大亀屋で鯖を焼いているのだ。駆け寄ると、特大の焼き台に鯖がずらり。どれも三十五センチ級のでっかい鯖だ。小浜市の浜焼き鯖と同様に頭から尾まで竹串を刺し通し、すいっと切れ目が入っている。その切れ目から脂が炭火にしたたり落ちて煙と匂いを放っているのだ。

焼き上がったときには、脂がいい具合に抜けて身が締まっているから、大胆にむしって、ちょいと生姜《しょうが》醤油をつけるといい。熱いうちはむろんのこと、冷めてもおいしいのが第一の特徴だ。あるいは、焼き直したり、ご飯に混ぜるという手もいい。

この日は、大亀屋だけで千四百尾も焼くし、冷蔵便での発送は前日から始めているから、おそらく全国どこでも同日同時刻に半夏生鯖を食べられることになる。大野の出身者が取り寄せることもあるけれど、旅行に来てこの味に魅せられて注文する人も多いようだ。

焼き鯖は、大きいのを選んでただ焼けばいいというものではない。大亀屋五代目主人の平辻孝男さんは、

「背開きにしたら、強めに塩をして三日間寝かせるんです。そのあと、塩を洗い流してから、まっすぐ竹串を通して、横にすっと切り込みを入れる。これで、余分な脂が流れるし、よく火が通るんです。焼くときは、初めはガス火、仕上げは炭火です」

なるほど。塩をじっくり染み込ませた鯖だから、身が引き締まってますますおいしく焼き上がるわけだ。ということは、鯖街道で京都に運ばれた鯖と同じ状態だから、つまり、かつては越前海岸から大野まで、県内専用の鯖街道があったことが想像できる。昔から、鯖は安くておいしい魚だったのだ。

大野市の大亀屋は仕出し料理屋兼魚屋。半夏生の日には鯖を焼く煙があたり一面に立ち込める。山では鯖は大ごちそう。

半夏生の焼き鯖。大胆に串を刺して丸ごと焼いた鯖。塩味がほどよくつき、余分な脂が流れているので、冷めてもおいしい。（大亀屋）

午後、もう一度大亀屋の前を通ったら、相変わらずすごい煙だったし、その煙をものともせず長い行列ができていた。行事と食は密接につながっている。半夏生の日にはほかに特別なことをするわけではないが、とにもかくにも焼き鯖を食べなければこの日一日が過ぎていかないのである。

勝山市北谷の鯖のなれずし

勝山市は大野市のすぐ北に位置する。そのなかでも北谷《きただに》町はとりわけ雪が多い地区で、昭和三十年代までは冬に孤立してしまうことがよくあった。その厳しい冬の間のたんぱく源が鯖のなれずしである。

「徹底して冷え込むから、なれずしがおいしくなるうえ、保存がきく。昔は三月の雪解けまで、ずっと食べつづけたんですよ」

と、とても七十四歳とは思えない明るい笑顔で話してくれたのは、「鯖の熟《な》れ鮨し加工グループ」の小林信男さん。ずっと地元の町なかで勤めていたが、定年を機に鯖のなれずしにのめり込んだ。

「鯖ずしは女房の得意料理でしてね。以前は食べなかったんですが、酒の肴《さかな》にいいもんで、この十年ほどで急に好きになったんです。村の人がみんな元気なのも、なれずしを食べているおかげだと思います」

北谷の住人も急速に高齢化が進んでいる。

「この村には産業がないから、いっかい出て行ったもんは帰ってこん。さびしいもんですな。なれずしづくりは、伝統の味を守ると同時に、高齢者の生きがいです。自分らの存在理由を確認する場にもなっているんです」

小林さんのグループは女性七人、男性二人。小林さんは中でも若いほうである。

「行政の支援を受けて作業場をつくりました。国産の塩鯖を仕入れて、塩出しし、酢に通して、麹を混ぜたご飯を詰めるんです」

仕込み時季は十一、十二、一月。重石をかけて風通しのいい屋内に保管するが、北谷ならではの豪雪が温度と湿度をいい具合に調整してくれるようで、一カ月後から食べられる。時間がたつほど酢味がきいて、味が深くなるけど、人によって好みはいろいろだそうな。

「いやあ、本当はね、いつ食べてもうまいんですよ」

と、小林さんは屈託がない。わたしは、本書の入稿間際に試食することができたのだが、レアな風味がとても爽快で、勝山の地酒「一本義」と実によく合った。

福井県のこだわり鯖文化

言いそびれていたが、越前の海岸でも鯖は大切にされている。福井市の越廼《こしの》漁協女性部のぬかちゃんグループでは、千日鯖という地元産の小型の鯖をぬか漬けにする。小ぶりな鯖だけれど、よく太っていていい味が出るのだ。酒かすで塩抜きして生の大根にはさむと、けっこうな肴になる。また、いかやしいらを漬けるのもユニークなアイディアだ。

でも、どれもへしこと呼ばず、あくまでぬか漬けと称しているのがおもしろい。越廼の漁師はいか漁が得意で、各地の海へ出稼ぎ漁に行っていたから、誰にでもわかりやすい言いかたを自然に身につけたのかもしれない。

その日本海だが、普段は穏やかなのに、冬になると表情が一変する。北西の季節風が吹き荒れ、魚がとれないどころか、食べられないことすらある。

季節による変動のなか、鯖を食べるにはどうしたらいいか、どう保存したらいいか。その結果、工夫されたのが〝発酵〟という技術。幸いなことに、福井の気候は発酵食品にぴったりだった。こうして、へしこ、なれずしなどが根づいた。冬の間中食べつづけなければならないので、味にもこだわり抜いた。現代に至るまで好評なのは、和食の知恵をずっと変わらず生かしてきたからである。

第2章　和食を支える「米」と「大豆」

「お米の国」に根づいた和食文化

人と人をつなぐ米

日本はお米の国である。米飯が主食というだけでなく、生活暦が稲の栽培を主軸にしているほか、地域社会のつながりや行事も稲作作業を中心に構成されたし、稲作の副産物であるわらやもみも生活実用品として活用されてきた。だいいち、正月ごとに一年単位で時間をリセットし、豊作をいのる習慣そのものが、稲作のサイクルに基づいたものだ。さらに言えば、この国全体の経済も米によって左右されてきた。米は財産だったし、江戸時代までは税金も賃金も米に換算するのが当たり前だった。

縄文時代に北九州に米作が伝わってから、またたくうちに日本中で米がつくられるようになった。どうしてこんなに普及したのだろう。

まず、おいしい。炊きたてご飯をそのまま一口食べてみればすぐわかることだ。甘くて、もちもち、そしてあったかな香りがたまらない。あるいは、塩をまぶしただけのおにぎりをほおばってもいい。日本に生まれてよかったとしみじみ思えてくるはずだ。

いっぽう、つくる立場から言うと、経済効率がいい。一粒の種もみが六百〜千粒の米になるのである。また、米は長期間保存がきく。古米、古々米という言葉があるように、二、三年保たせるのは普通だった。はっきり言うと、味は度外視されていた。なにしろ、昭和三十年代まで全国の農業試験場では、収量の多さと育てやすさだけに注目して品種改良を重ねてきた。米のおいしさをうんぬんするようになったのは、ここ半世紀ほどのことなのである。

まして、日本の風土は稲の栽培にぴったりだった。南北に長い列島で、気候の違いが大きく、山あり谷あり平野ありと自然環境もさまざまなのに、不思議なくらいに全国どこでも稲をつくることができた。おかげでこの国の原風景は、水田のある景色になった。その裏には、品種改良とか灌漑《かんがい》の艱難辛苦《かんなんしんく》もあったし、増産をもくろむ支配階級の思惑やらもからんでいたが、ともあれ現在に至るまで国土のすべてに水田が分布しているのは確かだ。

そして、稲は連作がきく。普通の土の畑では、どんな作物をつくるにせよ、同じものをつづけてつくると地力が落ちてしまい、収穫量ががくんと減る。しかし、水田の場合は水が次々に栄養を運んでくるから、何百年も同じ田んぼを使うことができる。そのため、農民は一カ所に村をかまえて何世代にもわたって定住することになり、人と人との結びつきが強くなる。同じ時季にいっせいに農作業を始め、灌漑の水をみんなで分けるし、協同で作業するほうが便利なので、なおさら地域のまとまりを大切にしなければならない。

そんなふうに人が集まり始めると、一緒に食事をすることで絆を深めようと、さまざまな行事食も生まれる。それが和食文化の一側面――人と人をつなぐ食なのである。

コシヒカリの登場

そんなわけで、和食の基本は米にある。一汁三菜どころか、汁なし、おかずなしでも、ご飯と漬けものさえあれば一食と数えていいくらいだ。

昭和の高度経済成長期が始まろうとする頃、ようやく日本中に米が行き渡ると同時に、よりおいしい米への欲望が芽生えてきた。米を味のよしあしで評価するだけの余裕が生まれたのだ。二十世紀後半のいっとき、ササニシキが大評判になったが、それを追い越したのがコシヒカリである。

「コシヒカリは昭和三十一年に福井県農業試験場で生まれたんです。品種登録上は農林一〇〇号、そして『越の国に光輝く』の意味からコシヒカリと命名されました」

と、おしえてくれたのは福井県農業試験場の清水豊弘さん。よく日焼けしているのは、水田に立つのが何よりも好きな現場一筋の研究者だからだろう。名刺の肩書は、ポストコシヒカリ開発部部長。福井県では、すでにコシヒカリの次の時代をになう新品種を開発中で、今は二十万種から百種にまで選抜が進んでいるのだ。将来を見すえているのは、コシヒカリをつくり出した県としての矜持《きょうじ》からである。

なぜかというと、一般にはコシヒカリは新潟県で開発されたと思い込まれているが、最終的に品種化したのは福井県農業試験場の石墨慶一郎博士なのである。

しかし、福井県と新潟県の間でおたがいに種子の授受を繰り返し、当時の食料状況や栽培事情などがからみあったまま試験栽培された――というのが真相だ。そして、新潟県で奨励品種として本格的にコシヒカリの栽培が始まり、米の食味を重視する時代の到来と合致したために、結果的に今日の隆盛につながったのである。

ともあれ、現代はコシヒカリの独壇場である。日本でつくられている米の三分の一がコシヒカリなのだ。三十年以上連続して作付面積日本一の座を誇っている。正確に言うと、平成二十六年現在でコシヒカリは、米の全国作付面積の三十六・四パーセントを占める。二位はひとめぼれだが、作付割合はコシヒカリの三分の一以下と少々さびしい。三位以下はヒノヒカリ、あきたこまち、はえぬき。

コシヒカリの収穫量をくわしく言うと、新潟県がトップで、つづく茨城、福島、栃木、千葉の各県を合わせると、全国のざっと五十五パーセントにもなる。味については、新潟県の魚沼産がまず取り沙汰されるが、全収穫量の約一パーセントを占めるにすぎない魚沼米だけにとらわれるのは、もったいない話だ。

福井の自然と米づくり

おいしい米の条件は、大きく言うと品種、栽培法、保管法によるものだし、購入後は保管や炊きかたが影響する。当然、あらゆる農家が工夫に工夫を重ねているが、変えることのできないのは気候だ。成長期の雨、夏の高温、収穫期の好天などの条件は、どの地域でもそれなりに満たしているけれど、最終的な味のポイントは一日の気温差にあるようだ。清水さんは、

「昼間の温度が高ければ、光合成が盛んになり、養分をたっぷり蓄えられます。夜に温度が下がると、代謝がゆるやかになるから、養分をそのまま保持できる。そして、翌朝になると、昨日分にプラスしてさらに養分を蓄えられるというわけです。反対に、夜があたたかいと、せっかく蓄えた養分を夜の間に消耗してしまう」

標高が高い魚沼は一日の温度差が大きいという条件を満たしているわけだが、福井県の大野市近辺も同様の地形なので、魚沼に負けない米がとれる。また、福井県は山と平地が入り組んだ地区が多いので、米自慢のエリアがあちこちにある。

田植え前から華やかな「れんげ米」

現在、福井県の栽培品種はコシヒカリが六十パーセントといちばん多く、コシヒカリ誕生地という自負心から、一手間かけた農法を実施している生産者が少なくない。たとえば、れんげ米というものがある。秋、田んぼにれんげの種を播《ま》いて肥料にする自然農法である。

五月、吉田郡永平寺町の一角の田んぼは、みごとにピンク一色だった。れんげが満開なのだ。案内してくれたJA吉田郡の佐藤竜一さんによると、この花も葉もばっさり刈って、土にすき込むのだ。もったいない気もするが、米になって甦るのだから、よしとしよう。

「れんげが土と一体になった六月初旬が田植えどき。コシヒカリの苗はハウスでは栽培せず、通常より日数をかけて葉が四枚半出てくるまで育てますから、田植えをした時点からすでに丈夫でたくましいんですよ」

また、地域の自慢の米だから、化学肥料、除草剤はいっさい使わない。

「昔の農法を復活させただけなんですが、そのぶん、安全で健康な米になります。雑草取りで手間はかかりますし、収穫量もやや少ないんですが、達成感は大きいんですよ、ははっ」

佐藤さんの笑顔がまぶしい。

まずは地域にれんげ米を根づかせようと、地元・永平寺町の小中学校の給食に使ってもらった。れんげの花を見て、おいしいご飯を連想する子供たちがいるとは、うれしい話だ。もちろん、れんげを肥料にしたからといって、それが直接味に反映するわけではないが、れんげの花をイメージしながら食べる炊きたてご飯は間違いなくおいしかった。美味とは舌だけで味わうものではない。心にまで響く味がれんげ米のすばらしさなのである。また、現在永平寺町では、れんげの花が咲き誇るようなプロジェクトに取り組んでいる。

帰路にのぞいた地元直売所では、塩むすびにきなこをまぶして、アブラギリの葉で包んだものを売っていた。田植えどきのこびる（軽食）に食べる郷土食だ。こんな食文化も米と一緒に伝えていきたい。

有機肥料で育てる「田んぼの天使」

丹生《にゅう》郡越前町の「田んぼの天使」は、井上幸子さんが牽引している有機米コシヒカリだ。五月初め、青々とした里山に囲まれた小さな盆地の田には、水がたっぷり張られ、五月晴れの空を映し込んでいた。

「このあたりは、福井県陶芸館に近いので土壌が似ているんです。土に鉄分が多いため、できたお米がもちもちになるんです」

　幸子さんが晴れ晴れとした表情で自宅前の田んぼに目をやった。日本六古窯のひとつ、越前焼は、鉄分の多い黒土を使うため、独特の肌合いが生まれる。その鉄分が米に対してはおいしい食感をもたらすのである。

　幸子さんは大手調味料会社の研究所に勤めていたが、仕事を通じて微生物の力や、発酵作用の効果を知るにつれ、それらのパワーを自然のなかで生かしたいと願うようになった。会社をやめて帰郷して取り組んだのが米づくり。それまでの知識を生かしたこだわり有機農法に挑戦したのである。

　有用微生物群（ＥＭ）の力によって、米ぬか・油かす・魚粉・かに殻などを発酵させた有機肥料（ＥＭぼかし）で栽培する。完全有機肥料だから、稲だけでなく、田んぼの生物たちも元気になれる。ビオトープ（生物生息空間）が形成されるのである。その証拠に、五月に行ったときは、わたしの足元をアオダイショウが横切ったし、アメンボウが水面をすいすいすべっていた。八月には、畦道を一歩歩くごとにぽちゃんぽちゃんと水に飛び込む蛙たちに出会い、田にはメダカが群れていた。青い稲の上にはギンヤンマ、イトトンボなどなど。自然のなかで息づいている生物たちに親しみをおぼえ、触れたくなってしまった。

この里の一年はどう過ぎていくのだろう。

「稲と土と水、そして生きものたちが仲良く暮らしています。もちろん、微生物もね」

生きものもかわいがるけど、微生物のほうがもっと好きな幸子さんが、いかにも理系女子らしく、要領よく話してくれた。

「稲の刈り取りが終わったときから、米づくりの一年が始まるんです。田んぼにEMぼかしとわらをまいて、土を起こします。水を張るまでに充分発酵させなくちゃいけませんからね。そして、田んぼに水を入れて、そのまま冬を越します。いわゆる冬水《ふゆみず》田んぼですよ。そして、田植えは五月末。その前後にEMぼかしを何度かまく。このときに、糖蜜を混ぜるのがコツ。そうすると、成分が水面をおおうし、日光をさえぎる効果があって、雑草が出てきません」

二十年間米づくりをしてきたが、この農法に行き着いたのはほんの二年前のこととか。

「きちんと実績やデータがあるわけではないけど、田んぼに生きものたちが棲みつく農法ならば、けっして間違っていないはずです」

井上さんの仲間は三軒。高齢化のせいで、以前より減ってしまったが、井上さんは意気軒昂である。母の後ろ姿を見てきた息子さんがUターンして農業に打ち込み出したから、毎日が楽しくてたまらないのだろう。

究極の減農薬栽培「おしどり米」

鯖江市別司町《べっしちょう》の農業生産法人内田農産社長・内田秀一さんは、米づくりに一家言をもつ。

「うちは無農薬ではありません。究極の減農薬でやっています」

名づけて「おしどり米」。六十五ヘクタールの田んぼにおしどりのペアが何組も棲みつき、山の森でひなを育てているからである。また、田んぼにはたにしが這い回り、六月になるとゲンジボタル、ヘイケボタルが乱舞する。

「二十年前までは何の疑問もなく農薬を使っていました。農薬をまいた翌朝は、蛙や虫が田んぼ一面でひっくり返っているんです。それがとてもいやで、農薬の大量使用に疑問をもち始めたんです。そして、農薬を減らしたら、翌年からもうほたるが帰ってきた。わたしが子供の頃の田んぼにもどったんですよ」

「はっきり言って、無農薬栽培は長つづきさせられない。いちばんの敵は雑草です。初めの二、三年間は、以前の農薬の効果が残っていて生えてこないし、米ぬかなどをまけば発芽を抑えられるけど、七年から十年もたつと、雑草の力のほうが強くなってしまう。しかし、最少限の農薬と有機肥料を組み合わせれば、それが防げるんです」

六十五ヘクタールの田というのは、集落のある小盆地のほとんどを占めるくらいに広大だから、内田さんは集落全体の環境を保ちつつ、安全でおいしい米をつくるべく努力している。
まず、土づくりだ。収穫後の稲わらをすべて土にもどし、土壌のなかで働く微生物を増殖させる。種もみは消毒用の農薬に二十四時間浸すのが通常だが、内田さんは六十度の温湯殺菌だけにとどめる。田植えの際には苗と苗の間隔を広くとる。植えられる苗の本数は減ってしまうが、これだけのことで日当たりがよくなり、風がよく通るので、病害虫が発生しにくい。肥料は米ぬか、種かす、魚かす、アミノ酸、石灰などを含む有機肥料を一反（千平方メートル）当たり三十～五十キロほど使用する。

内田さんは収穫後にも気を配る。この段階で手間ひまをかけることで、ぐんと味がよくなるからである。

「まず米を乾燥させなくちゃなりません。十二～二十時間、遠赤外線バーナーで乾かすんです。これで味、粘り、香りがよくなります」

「保管は低温倉庫。米は次の年の梅雨を越すと味が落ちると言われますが、これなら味を保てます」

「毎日精米して、毎日出荷する。生鮮食品ですからね」

そんな米をいちばんおいしく食べる方法は？　という簡単だけどむずかしい質問に、

「精米したてを、薪の火で、かまどで炊く。おひつに移して、ふとんをかぶせて保温する。これがいちばんです」

最新式電気がまをいろいろ試したあげくの結論だけに、内田さんの意見は明快だ。

「そして、炊きたてを卵かけご飯にする。これが、世界一おいしいご飯の食べかただと思いますよ」

そのとき、事務所に青年が入ってきて、「こんにちは」と頭を下げ、書類を取ると急ぎ足で出て行った。

「息子さんですか」

「ええ、次男です。せっかく銀行に勤めたのに、農業をやりたいからって、家にもどってきたんですよ。こんなたいへんな仕事なんか、絶対にやめろと何度も言ったんですけどね。とうとう百姓になっちまった。ほんとに困った奴ですよ」

内田さんは、ぶっきらぼうに言い、それから、この日初めてとびきりの笑顔になった。

米から始める食育

日本人は米を食べなくなった。昭和四十年（一九六五）度の消費量は一人あたり百十一・七キロだったが、平成二十五年（二〇一三）度には五十六・九キロと、約五十年で半減している。といって、パンやめん類に替わったわけでもなく、小麦消費量もさほど伸びていない。おどろいたことに、野菜の年間購入量はこの三十年ほどで三割も減少している。そのぶん、牛乳、乳製品、魚介類、肉類が増えているということだ。

主食だけに頼りすぎるよりははるかにいい傾向ではあるが、じっさいには、あっというまに適正なＰＦＣバランス（26ページ参照）が崩れてしまい、かなり努力しない限り健康な食生活を送ることができなくなった。それとともに、食べものを大切にする心も失われた。日本の食文化が歪み始めたのだ。

それゆえ、福井県でも子供の「食育」が始まった。人間と食のつながりを身をもって体験させるのが目的だ。これこそが、食文化を再生するために、日本中の大人が必死に取り組まなければならない大プロジェクトである。

三方小学校の「ゆりかご米」

嶺南の三方上中郡若狭町の三方小学校。小嶋明男校長がすすめているのは「ゆりかご米」だ。全校百三十六人の学童が、専用の田んぼでコシヒカリの田植え、稲刈りを体験し、精米した米をお世話になった方々を招いて開く「感謝の集い」でおにぎりにして食べたり、自分たちで販売したりするのだ。

若狭町立三方小学校の子供たちが育てているゆりかご米。「食育」の一環として、稲の栽培を通じて和食の魅力を学ぶ。

　また、春には田の脇の水路にしゅろの葉を沈めておき、三方五湖のひとつ、三方湖から上がってきた鯉や鮒の卵を採取して孵化させる。そして、小魚を水田に放流する。このあたりは三方湖につながる低地なので水田も多く、魚は産卵期ごとに湖から遡上するし、棲みついてもいた。ということは、魚に水田の雑草を食べさせる有機農法が、ごく自然な形でおこなわれていたのである。稲と魚と人間のつながり。目の前の三方湖の水と水田のつながり。〝いのち〟はみんなつながっている。稲と魚と人が一緒に育つ――それが「ゆりかご米」なのである。

　田んぼに行ったら、黄色くなった稲穂が頭を垂れていて、「ゆりかご米　おいしいよ！」という絵入りの看板が立っていた。

福井県の雑煮はシンプルのきわみ。味噌味のだしにゆでた丸もちを入れ、花がつおをふるのが標準スタイル。（おもちの母屋）

小学校にもどって子供たちにきいたところ、あさってが稲刈りなんだ！　と異口同音に返事が返ってきた。

ちょうど給食時間になったので、ご相伴にあずかるようすすめられた。献立はキーマカレー、サラダ、スープ、牛乳。そして、主食はゆりかご米の米粉パンだ。子供たちと机を並べて食べたせいもあったのか、米粉パンはもっちもちでボリュームがあって、カレーをつけるともっとおいしくなった。

最近は米粉がたいへんな進出ぶりで、パンはもちろん、米粉めん、洋菓子、餃子《ギョーザ》や焼売《シューマイ》の皮にも使われている。また、もち米の食感は昔からごちそうだったから、もち米粉は白玉粉、もち粉、道明寺粉、求肥粉などとなって和菓子には欠かせない。〝米ぢから〟の偉大さを現代人は再認識するべきだと思う。

そうそう、和食ではもちはたいへんなごちそうで、これを食べなければ一年が始まらない。福井ではもちを敬う心がとくに強いのか、正月のお雑煮は、味噌味のだしに丸もちを入れるだけという、ごくシンプルなものが基本だ。他県のお雑煮を食べる機会などないものだが、嶺北の今立郡池田町の「おもちの母屋《ままや》」では、一年中献立に入れているから、試してみると楽しいだろう。

米から生まれる麹食品群

和食文化つまり米文化の必需品は麹だ。蒸し煮にした米、麦などに麹菌（コウジカビ）を繁殖させたもので、発酵食品のたねだ。麹菌は用途によっていくつも種類があるが、ざっというと、これを元だねにして大豆を発酵させると味噌や醤油のベースになり、酒造用の酒米を発酵させれば日本酒になる。

「さしすせそ」「こさかみや」（27ページ参照）の一つである酢も米、麹、水から生まれる。今はさまざまな穀物や果実からも酢がつくられるが、大野市の河原《こうばら》酢造では、あくまで米酢を第一に考えている。地元の米（一部は自家生産）と水で酒を仕込み、それをさらに発酵させるから、奥越の自然そのものの酢に仕上がる。

同じく、みりんはもち米と麹でつくった焼酎で仕込むから、やはり米＝麹文化の賜物である。

うれしいことに、福井県では麹屋が元気だ。勝山市の石畝《いしぐろ》岩七商店では、店頭に何やらひき肉を挽くような道具が十個ほども並んでいた。女将さんの石畝智子さんにきくと、

「大豆を挽くんです。ご自宅で大豆を煮て、うちから買っていった麹をまぜて味噌を仕込むんですよ。それで、大豆用の道具を貸し出しているんです。年に一度しか使わないし、そうそうたくさん仕込むわけでもありませんからね」

とのこと。それでも、自家製味噌を仕込む家は年々減っているそうだ。勝山市の北谷名産の鯖のなれずし（66ページ参照）も、ここの麹を使っている。石畝岩七商店は勝山市唯一の麹屋だから、鯖のなれずしとともに生きているわけである。

福井市内には数軒の麹屋がある。随一の老舗である国嶋清平商店の中林久慈さんは、

「福井には、おいしい味噌を仕込んで親戚や知り合いに贈るという文化が残っているんです」

と、すばらしい伝統習慣をおしえてくれた。また、奥さんの紀子さんは、麹を使った料理を広めようと料理教室を開いている。「それは素敵ですね」と相槌をうちながら、昼間の授業でつくったという料理を強引に試食させていただいた。ずうずうしいのが、わたし

の数少ない取り柄のひとつなのである。

わっと声が出るほどおいしかったのは、にしんずし。身欠きにしんと大根や野菜を麹で漬けたもので、麹には食材のうま味が溶け込み、食材には麹の奥深い風味が染みて、みごとなハーモニーをかなでていた。いっぽう、紀子さんが「葉っぱずし」と呼ぶのは、アブラギリの葉で五目ずしなどを包んだオリジナルずしで、隠し味の麹のうま味とアブラギリの甘い香りの組み合わせが新感覚の美味を創り上げていた。

福井市の麹屋・国嶋清平商店の女将さん手づくりのにしんずし。身欠きにしんと大根などを麹に漬けた郷土ごちそう。

なお、福井でも大流行の塩麹は、麹に塩を混ぜた発酵調味料。べったら漬けや三五《さご》八《はち》漬けなどで昔から使われてきたものと同種で、食品をおいしくする効果が大きい。

「わら」「もみ」の文化

米の食文化は、生活全般に波及しているし、稲わらももみ殻も含めて捨てるところがない。なにしろ、お正月の松飾りには稲わらが欠かせない。

初詣に行けばしめ縄があるし、参道がぬかるむときにはむしろを敷く。だいいち、米を入れる俵はわらで編んだものだ。わらを筒にして大豆を包めば、わら納豆ができる。そして、黒毛和牛の肥育の仕上げに稲わらを食べさせるのは全国の牛の肥育農家の常識だ。

本書でもやがてわらについてふれることになる。北前船で運んだ〝しめかす〟（にしんかす）の梱包材（139ページ参照）。昆布の保管熟成用のむしろ（150ページ参照）。河内《こうち》赤かぶらの独特な結束の形（101ページ参照）もわらあってのものである。

また、脱穀したあとのもみ殻はケミカル梱包材のプチプチができる前は万能の緩衝材だったし、上越ではもみ殻を燃料にして、それはそれはおいしいご飯を炊き上げる。

さらに、精米時に出るぬかを活用したぬか漬けは、日本中で愛されている漬けものだ。

これらの存在は時代とともにだんだん目につきにくくなっているが、和食を考え、米の存在を考えるにつれて、わたしたちの暮らしがいかに稲に支えられているかが見えてくるはずだ。

米をおいしく食べるための大豆文化

米と大豆は補完関係

まえがきで述べたとおり、日本は「お米と大豆の国」である。米の成分は炭水化物が中心で、エネルギー源としては申し分ないが、たんぱく質と脂質は少ない。ところが、大豆は逆にたんぱく質と脂質が多い。また、必須アミノ酸のリジンは穀類に少なく、豆類にはたくさん含まれている。つまり、米と大豆は補完関係にある。

最近ほぼ消え去ってしまった日本の原風景のひとつは、畦《あぜ》に沿って植えられた大豆の列だ。越前市出身で実家が豆腐店だったというフードディレクター・佐々木京美さんは、福井の食による地域おこしに奔走している女性だ。

「わたしが子供だった昭和四十年代でも、畑や田んぼのちょっとしたスペースには大豆が植わっていました。いちばん簡単でおいしい食べかたは打ち豆。水に浸してやわらかくした大豆をぎゅっと木槌でつぶすんです。それをござに広げて天日で干す。乾物にするわけですが、ほどよくひびが入っているから、簡単にもどせる。煮物に入れてもいいし、味噌汁の実にもなります。ボリュームがあって、栄養があって、しかもおいしい。すばらしい知恵だと思います」

今、佐々木さんは、打ち豆の便利さを知ってもらおうと、トマト味の煮込みものに用いるなどのアイディア・レシピを工夫している。郷土食材に新しい〝いのち〟を吹き込む素敵な仕事である。

なお、福井では日常の茶にも大豆を用いる。豆入り番茶、略して豆番茶と言い、遅摘みの茶に大豆を加えて焙じたもの。すっきりした香味の奥から甘味と、日なたのような温かみが伝わってくる。うま味成分は天然アミノ酸のたまものだ。大豆入りの起こりは、一説によると、茶飯に大豆を一緒に炊き込んでみたら相性がよかったため、県北部に広まったという。ご飯の友によし、一服したいときにもよしの魅力は、大豆パワーの効果に違いない。

安全志向の味噌が人気

ご飯をおいしく食べるためには大豆の力が不可欠だ。たとえば和食の「一汁」は汁物をさすが、代表的なのは味噌汁だ。味噌は大豆と米麹を合わせて発酵させた調味料だから、大豆と米のコラボ食品と言える。昔の味噌は大豆十に麹三ぐらいの割合のしょっぱいものだったが、よろず甘口好み・うま口好みの現代では、大豆十に麹二十の二十割味噌、大豆十に麹三十の三十割味噌などまである。

日本中に味噌蔵は数々あるけれど、わたしが福井で注目しているのは越前町のあさひ愛農園。開業二十五年目だが、寺坂康夫、律子夫妻の味噌への意気込みがとても熱い。

「長男がハンディキャップをもって生まれたのが始まりでした。食の大切さに気づき、安全な食品を探しましたが、安全とおいしさを兼ね備えたものはありませんでした」

と、律子さんは語る。康夫さんの家は自作地の三反で米をつくり、冬仕事で麹屋を営んでいたことから、勤めをやめて稲作と桃と味噌づくりの三本の柱でやっていこうと営農計画を立てた。二人の知識を寄せ合えばいいと思ったのだが、そんな簡単にできることではない、一家八人は生活できないと諭されたし、四人目の子がお腹にいるときでもあって、周囲から猛反対を受けた。

「それでも、子供たちのために、安心できる米、味噌をつくりたかった。その気持ちだけで、がんばれたんです」

康夫さんと律子さんは、無農薬、減農薬で田んぼに取り組み、麹をつくり、味噌を仕込んだ。何度も何度も失敗を繰り返したあげくに、ようやく麹たっぷりの甘い味噌ができ上がった。

現代、安全な食の情報はおどろくほど早く伝わる。自宅まで買いにくる人もいたし、生協でも歓迎された。ちょうど麹ブームになり、味噌だけでなく、塩麹なども出荷できるようになった。その流れで、出張の味噌づくり教室もスタートし、人との交際がおもしろくなった。人の役に立つことはもちろん、人におしえること、人からおそわることが生きがいになったのである。味噌屋であり麹屋であることは確かだが、商売のためだけでない人生が始まった……。

「とてつもなく忙しいけれど、経済的には何とかなっているし、何より、毎日が楽しいんです」

と、お二人はとびっきりの笑顔になった。わたしの経験では、素敵な生産者には「お金は大切だけど、お金だけじゃない」と、さらりと言ってのける方が多い。あたりまえのことだけど、いつのまにか忘れがちな人生の教えだ。

食べものをつくることでアイデンティティをもつ——生きる手ごたえを感じる方々が増えている。経済優先、効率第一、便利で簡単なら何でもいいという姿勢が日本の繁栄をもたらしたのは事実だが、いっぽうでは、この国の食がひずみ、和食をここまで追い込んでしまった。それが、ぐんぐん変わりつつある。こういうのを自浄力というのだろう。

青大豆に魅せられた人生、大豆菓子をつくる母娘

大豆が人生になっている方もいる。大野市の帰山《かえりやま》幸子さん。家族で「ゆいファーム」という農場をやっているが、幸子さんはイワテミドリという青大豆のおいしさに魅せられて

しまった。家族が米を育てているのだから、わたしは大豆にしようと、一人で栽培を始めた。化学肥料不使用、農薬二分の一以内の特別栽培農産物である。そして、その青大豆で豆腐をつくるようになった。

「薄緑色が爽やかで、味が濃くて、うま味が強いんです。だから、かわいいの」

幸子さんは、よりおいしい豆腐を目ざして試行錯誤を繰り返した。青大豆は糖度が高いので固まりにくく、普通の豆腐屋は敬遠しているから、すべて自己流で研究するしかなかった。ようやく自分で納得できる味ができたら、

「ある日、この豆腐であぶらあげをつくってよ、とお客さんに頼まれたんです」

あぶらあげとは厚揚げのことで、福井県を代表する郷土食材になっている（192ページ参照）。それから、新しい味への挑戦が再び始まった。そして、完成したのは、中が薄緑色をした、やさしい食感のあぶらあげ。

「自分が食べておいしいと思うものを、お客さんにも食べてもらいたい。それがわたしの仕事なんです」

でもね、と幸子さんは言葉を継いだ。主婦業の時間と、睡眠時間をけずらないと仕事ができないのよ、と。

――何度目かの福井取材の帰り、JR福井駅の脇で「ゆいファーム」と書かれたワンボ

ックスカーを見つけた。のぞき込むと、青豆豆腐、青豆あぶらあげ、青豆の塩ゆで、青豆のきな粉、青豆の豆乳、青豆のおからクッキーが並んだ奥に、幸子さんがちょこんと座っていた。福井市内にもお客さんが多いので、自ら運転して出張販売に来るのだ。

ところで、大豆はお菓子にもなる。大野市周辺で親しまれている「けんけら」は、炒り大豆を砕き、水飴と砂糖を混ぜて飴状にして、薄くのばして短冊形に切ったもの。軽くねじってあるのがみそで、茶色の生地と、粗いきな粉のような大豆がみごとに馴染んでいる。最初は堅いが、口中で転がすうちにやわらぎ、豆の香ばしさが高まってくる。

名称の由来は、考案者の禅僧・建径羅《けんけら》の名前とも言い、この菓子を好んだ殿様が玄妙な堅さを「堅い＝生真面目な家来」に譬えたからとも言われる。

創業百五十年、元祖けんけら本舗を謳う七間通りの朝日屋では、十代目の朝日秀美さんが母上とともに伝統の味を製造販売している。生地をねじるのは七十八歳のお母さんの仕事だそうで、つまり、大野伝統の味は元気な母娘二人の手で守られているのである。

第3章　和食の基本は海山里の新鮮美味

和食のおかずは野菜が中心

一汁三菜の「菜」は元来は米飯や酒とともに食べる食品の総称で、とりあえずは、おかず一般と考えてさしつかえないが、じっさいには、おかずの中心は文字どおり野菜だった。日本は大きすぎず小さすぎずの国だから、たとえどこに住んでいても、海の幸、山の幸、里の幸のいずれにも不自由しないけれど、ざっくり言えば、山と里の幸は野菜や山菜などの植物に行き着く。

野菜は元をたどれば野草が改良されたものだが、何百年何千年間も栽培されるうちに、気候風土に合わせて性質が変わった。というより、そのように農家の人たちが改良してきたのである。野菜は人間が創り出した文化遺産だと思う。

野菜はごく身近でつくられるものだった。冷蔵庫がなく、流通手段に乏しい時代には、野菜は地元でつくり、地元で食べるのが当たり前だったのである。現代の「地産地消」の提唱は、じつは、たんなる温故知新を平成風にアレンジした表現なのである。

そして、風土に根づいた野菜はその土地に合っているぶん、食べやすく、おいしい。これが地方野菜のいちばんの魅力で、おかげで持ち味を生かした調理法が工夫され、郷土料理として伝承されるようになった。

地方野菜で最初に知名度が全国区になったのは京野菜である。賀茂なす、九条ねぎ、鷹峯唐辛子などと地名がついていて、産地名をつなぎ合わせると京の街をぐるりと取り囲むラインになる。なにわの伝統野菜、加賀野菜、庄内野菜なども、ひとつひとつの野菜名を地図でたどってみるとおもしろい。

東京でも、今、江戸東京野菜が元気づいている。東京都には現代も野菜農家が健在で、江東区・葛飾区などでは小松菜、西郊の武蔵野台地ではうどが特産である。そのうえ、昔の野菜の復活運動も盛んで、絶滅しかけた地元野菜が四十種類も息を吹き返している。

たとえば大根だ。江戸時代からよく知られているのは三種類。江東区亀戸《かめいど》特産の亀戸大根は、もともとは関西からもち込まれた小ぶりの品種で、水気が多くやわらかいので、葉も一緒に浅漬けにされた。江戸庶民がこぞって愛好したおかずだ。世田谷区大蔵の大蔵大根はみごとな円筒形で、先端部がくるりと丸い。こちらは、水分が少なく繊維がしっかりしているので、風呂吹き大根などに向く。もうひとつ、練馬区の練馬大根は大型種の人気もので、天日干しをたくあん漬けにすると天下一品だ。

食べかた万能をうたう青首大根が主流の現代にくらべ、地方野菜全盛の時代の大根は個性豊かで、味わいかたいろいろだったのである。

今も昔も、人生の楽しみはおいしいものを食べることだから、知らない野菜には誰もが興味しんしんで、往時、江戸みやげには野菜の種子が大喜びされた。かさばらないので、持ち帰りやすかったことも理由だろう。そんな種子から始まった野菜が各地にはたくさんある。

無形文化遺産「和食」の認定理由のひとつは、郷土料理の多彩ぶりだが、それを支えてきたのは、当然、地方の伝統野菜である。身近な野菜をあらためて見つめ直し、新たなおいしさを発見したいものだ。

焼き畑から生まれる山の幸「河内赤かぶら」「杉箸アカカンバ」

救荒作物の意外な美味

平成の大合併以来、地図を広げる楽しみは薄らいでしまった。全国の市町村が半減し、約千七百になったのだから無理もない。地図大好きで時刻表大好きだったのに、聞きなれない市ができ、知っていた地名が縮小されてしまった。福井市美山町もそのひとつだ。足《あす》羽《わ》郡美山町と呼ばれていた頃と変わることなく美しい杉山に囲まれた地区だが、今、伝統野菜の河内赤《こうちあか》かぶらに異変が起きている。

福井県には伝統野菜が数々あるけれど、とりわけ、かぶには恵まれている。河内赤かぶら（福井市・旧美山町）のほか、穴馬《あなま》かぶら（大野市・旧和泉村）、嵐《あらし》かぶら（大野市）、杉箸《すぎはし》アカカンバ（敦賀市）、古田刈《こたかり》かぶら（敦賀市）、山内《やまうち》かぶら（若狭町・旧上中町）と、県内各地に伝統品種があり、焼き畑でつくられているものもある。

生活改良普及員として長く活動してきた森本照美さんがおしえてくれた。

「昔から、かぶはとても重宝な作物でした。はっきり言うと救荒作物で、その年の米が不作だとわかってから種をまいても、雪が降る前に収穫できるすぐれものでした」

江戸時代の農業書にも、「飢饉のときは穀類に混ぜて食べるとよい」と書いてあるくらいだから、雪が深くて冬の間ずっと農業ができない地域では貴重な食料だったはずだ。それで、県内の各地域ごとに在来品種が生まれたし、今も大切に守られているのである。

「かぶの種子は、やわらかくて甘いかぶを選んで自家採種するのが普通ですが、わざわざ固くて辛味と苦味のあるものを残して伝えたのが河内赤かぶらなのです。でも、その辛味は火を通すと甘味になるのです」

河内赤かぶらは直径八センチほどの偏球の丸かぶで、表面は鮮紅色である。通常の赤かぶよりはるかに色があざやかだ。

「赤かぶらは、わらで四つずつ束ねて背負い、大野の朝市まで出荷するのが伝統でした。町の人は味噌汁の実にしたり、酢漬けにするんです。漬けると赤い色が全体に回るので、それはそれはきれい。大野では今も正月料理に欠かさないし、懐かしいごちそう野菜と思われているんです」

森本さんがいとおしそうに言うとおり、伝統的な食べかたと行事食が一体になっているために、今も人気がつづいているのである。

焼き畑で生き残ってきた赤かぶら

八月上旬、赤かぶら栽培のために焼き畑に点火する日に合わせて、旧美山町の味見《あじみ》河内《こうち》地区に出かけたのだが、くやしいことに、今晩から雨になりそうだからと、作業は延期になってしまった。

集落は谷間にあって、周囲は杉の山ばかり。狭い平地は青々とした田んぼ。焼き畑をつくれそうな山など見当たらない。

「焼き畑は車で三十分ほど行ったところです。杉林のはるか上にあるし、一町歩（約一ヘクタール）だけだから、とても見つけられませんよ」

と、ていねいに説明してくれたのは、河内赤かぶら生産組合長の西川誠一さん。焼き畑をつくっているのは農家七、八人だけで、平均年齢は七十歳以上。西川さんも当年七十三歳である。

焼き畑とは、山の斜面を切り開いて焼き払い、森林腐葉土の肥えた土壌を利用する農法だ。火入れして燃やしたぶんだけ、病虫害に強いので農薬も不要で、完璧な有機農法となる。昔は数年間は各種作物を輪作して、その後は十〜十五年間放置していたが、現在は赤かぶらだけの栽培で元の森にもどす。このため、森が復元するのも早い。森を焼くという一事から環境破壊の元凶のように言われるけれど、じっさいには自然の循環を重視した、無理のない農法なのである。

「来るんが二十年、おそかったのお」

西川さんが小さな声で言い、目を伏せた。急速に赤かぶらの収量が減ってきたのだ。焼き畑の土質が劣化したのか、気候の温暖化のせいか、西川さんにもわからない。五十年間赤かぶらをつくりつづけてきて、こんなことは初めてだという。

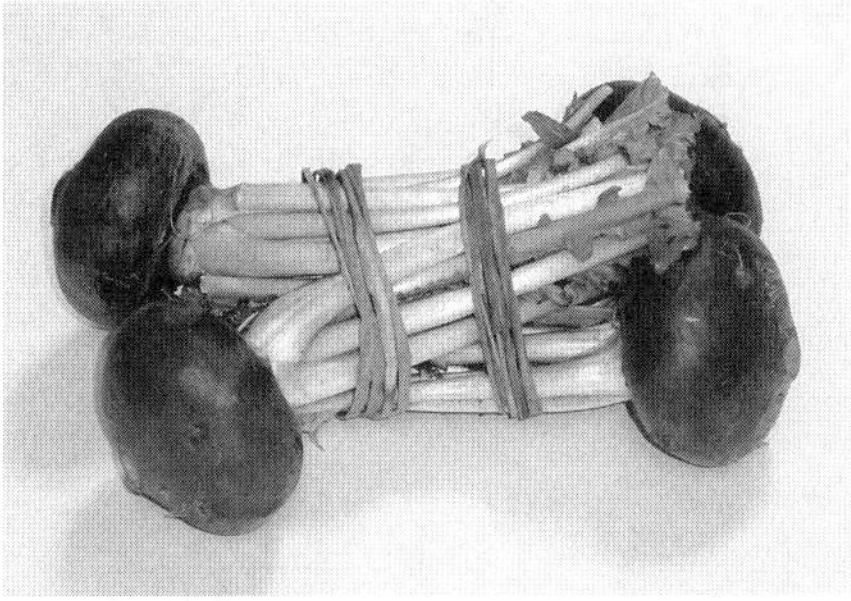

河内赤かぶらは互い違いに４個ずつわらでくくって出荷するのが伝統。秋から冬にかけて大野の七間通りの朝市で販売される。

新しい焼き畑を開くには、杉の木を切ってスペースをつくらなければならない。杉を植えた当時は、木が大きくなれば子孫にお金を残せるはずだったが、今は外国産の木材が安値で輸入できるようになったから、伐採しても利益が出ない。はげ山にしてまで、一個せいぜい百五十円にしかならない赤かぶらをつくる意味があるのか。しかも、集落は高齢化し、子供は一人もいない。当然、後継者のあてもない。焼き畑でつくった赤かぶらで、うまい酢漬けをつくる、大切な種子は村の外にはもち出さない——西川さんは、その三つに徹底的にこだわってきたのに、ここにきてすべてが行き詰まってしまった。

しかし、お金になる道はまだある。「平地の畑でつくってでも数をそろえてほしい」と伝統野菜業者から注文が来るし、「種子を売ってくれ」という種苗会社もいる。減反による転換作物として、通常の畑での栽培が大々的に進んでいるのも確かだ。

「でも、ここは平家の落人《おちうど》集落だから、平家の象徴である赤い色にならないかぶらなんて、納得できません。焼き畑以外のかぶらをつくる気なんぞ、さらさらありません」

西川さんは断言する。平家の子孫だけに誇り高く、先祖から伝えられた食文化をまっとうすることしか考えていないのだ。

「そういえば、いのししはね、焼き畑の赤かぶらは食べない」

この地区も野生動物がすっかり増えたし、被害も大きい。集落の畑という畑はすべて柵に囲まれている。まして焼き畑は山の高いところにつくるのだから、動物に食べられることも多い。けれど、唯一、赤かぶらだけは無事だというのだ。

だからこそ、河内赤かぶらは生き延びてこられたのだろう。ふだんは人間さまだけのごちそうとして賞味され、いざというときには非常食になったに違いない。それが、風土に溶け込んだ作物の姿なのだ。

山の幸とは、自然とも動物ともうまく折り合いをつけた食材のことだ。言い換えれば、和食とはそれくらいに環境と一体になった食文化なのである。

敦賀特産の杉箸アカカンバ

河内赤かぶらのきびしい現実にふれたあと、わたしは敦賀市に向かった。滋賀県との県境近くにある杉箸という山村で、杉箸アカカンバの畑を見るのである。

このあたりでは大根やかぶを一括してカンバという。杉箸アカカンバとは赤かぶらの一種で、百年以上前から栽培されてきた伝統野菜である。滋賀県から嫁いできた女性が種子を伝えたらしい。表皮は深紅色で内側は白く、ところどころにごまと呼ぶ赤い点々が入っている。肉質は堅く、独特のほろ苦さと香りがあるが、食べ慣れた人にはこれがたまらないそうだ。

わたしは生産者を訪れたが、その山口一夫さんは本来は手打ちそば屋「又八庵」の店主。というか、この杉箸地区の出身ではあるものの、五十代まではサラリーマンで、早期退職してそば屋を開業した方である。

「地元に住んでると、村の存続の危機をひしひしと感じるんですわ」

村は三十七軒あるが、小学生一人、二十代一人、三十代三人、あとはいちばん若くても五十代という構成で、これ以上人口が増える可能性は低い。ここも他の地域とまったく同じ悩みを抱えているのだ。

このまま消え去るしかないのか。山口さんにひらめいたのは、村の家がすべてアカカンバをつくっていること。住人全員がアカカンバのぬか漬けのおいしさに魅せられているからである。そのぶん、自家用だけで食べきってしまい、販売するどころか、他の地域の人はこの味すら知らない。

しかも、杉箸アカカンバはここでしか育たない。この地区から敦賀市内に嫁入りした女性が種子をもっていって植えたのだが、赤くないカンバがとれただけだった。別の例では、芽は出たものの、それ以上大きくならなかった。つまり、杉箸だけで育つ伝統野菜であり、食文化なのだ。

アカカンバで元気をとりもどせないか。山口さんは杉箸アカカンバ生産組合を結成し、

希少な杉箸アカカンバのぬか漬け。質朴な山の恵みに見えるが、味わいは深くて濃い。表皮の赤色が全体に回って美しい。

昔からのぬか漬けのほか、甘酢漬け、たまり漬けをつくった。また、フードディレクター・佐々木京美さんのアドバイスを得て、ピクルスを試作した。本業のそば屋では、ぬか漬けのにぎりずしを出したり、そばに辛味大根おろしとアカカンバおろしを添えて紅白二色にしたりと、さまざまなアイディアをひねり出し、すぐさま実行に移した。女性グラフィックデザイナーに頼んだパッケージやアカカンバアチャンというキャラクターも好評で、敦賀市の直売所や高速道路のパーキング、さらには福井県産品を販売する東京・南青山の「ふくい南青山２９１」にも置いてもらえるようになった。

サラリーマン時代の会社経営センスが、すべて村おこしに役立ったのである。

野性味のある質朴なおいしさ

では、いただきます。ぬか漬けを一目見て、色の深さにおどろいた。表皮の紫紅色が全体に広がって、濃いめの朱色になっている。いい色合いだし、おいしそう。充分に乳酸発酵しているためすっぱいはすっぱいが、とてもやさしい酸味で、どんどん手が伸びる。しこしこしていて、塩味の奥から純朴なうま味がにじみ出てくる。

元生活改良普及員の森本さんの言葉どおり、現代の「甘く」「やわらかく」という志向とは逆方向の味覚だけど、炊き立てご飯のおかずにはぴったりだと思う。

ただ、伝統品種を守るには苦労も多い。たとえば、種子を確保するために、他の畑から二・五キロ以上離れたところに種子取り専用の畑を確保するのだ。なぜなら、蜜蜂の行動半径が二・五キロで、それより近いと蜜蜂が他のかぶの花粉を運んできて、交雑してしまうからだ。

「そんなことは何でもありません。困るのは野生動物です。作物がぜんぶやられてまう。どんなに柵を厳重にしても、どっからか入ってくるんですわ」

窓から見渡すと、どこの田んぼも畑も金網の柵に囲まれている。電気を通している柵もあるようだ。前述の味見河内地区では、いのししは河内赤かぶらは食べないと聞いたけど、困ったことに、杉箸のいのししや猿はアカカンバが大好きなようだ。

里山の竹の子を支える定年団塊世代

越前町広野は、里山の谷間に広がる集落で、竹の子の産地だ。ここでも、動物との戦いがつづいている。

「電流柵がなければやっていけません。猿が竹の子の上半分を食べ、うさぎは先っぽをかじる。いのししはつけ根のいぼいぼの部分が好物なんですよ」

大西義孝、敬子さん夫妻は、困ったと言いながら、そろって明るい笑顔を見せた。

「ま、こちらが先に掘り出してしまいますがね」

ここはよく管理された里山で、年に三回肥料をやるうえ、赤土の土壌が竹の子向きなので、やわらかいものがとれる。

「いい子を生んでくれるんです」

竹の子ができることを「子を生む」と言うのだ。

越前町広野はやわらかくておいしい「宮崎たけのこ」の産地。定年退職した男性たちが新しい働き手だ。

竹の子の栽培法は昭和の初めに京都で修行した人が広めたそうだが、近年になって、輸送体制が完備し、関西方面に出荷できるようになってから、「宮崎たけのこ」として急速に人気が高まってきた。

大西さんの笑顔が明るいのは、今年定年退職して、竹の子と田んぼに専念できるようになったからだ。毎朝五時に起きるのはとても気分がいいそうな。

それに、この二、三年のうちに界隈では四十人近くの人が定年を迎える。今まではどこの家も兼業農家だったのだ。

「新しい労働力ですな。今のおじさんたちは元気だし、柔軟性があるから、あと二十年は大丈夫ですよ」

と、大西さんは軽く言うが、なんとなく町おこしの秘策がありそうな口ぶり……。きっと里山をよみがえらせる計画に違いない。

水が育てる里の幸「勝山水菜」

日本人の幸せ——水の幸

経験された方が多いだろうが、海外旅行のいちばんの注意事項は、水道の水を飲まないこと。必ずお腹をこわす。わたしは好奇心で何度かなめてみたが、ごわごわした印象の水ばかりだった。外国では飲用水とはお金を出して買うものなのだ。

わたしが子供の頃は水道の水をがぶがぶ飲んでいたし、山に行けば沢の水にのどを鳴らしていた。日本の風土のなかでは、水は無料の資源であり、無尽蔵に湧いてきて、しかも安全で、とてもおいしいものだった。最近のペットボトル水は、携帯できる水に対してお金を払うという新しい食文化なのである。

日本の水がおいしいうえに豊富なのは、まず雨量が多いからだ。それに、山が険しくて水が地下に滞留する時間が短いから、岩や土のミネラル分を吸い込みすぎることがない。それでいて、樹木がよく茂っていてほどよい保水力と濾過《ろか》機能を発揮する。そのために軟水になるのだ。ちなみに、ＷＨＯ（世界保健機関）基準でカルシウムとマグネシウムの量が一リットルあたり百二十ミリグラム未満が軟水と呼ばれ、それ以上の場合は硬水となる。文字どおり、軟水は口あたりがやわらかくてまろやかだ。

和食は水でおいしくなる

名水自慢は全国至るところで見聞きするが、福井県の場合は県全体の水道の水源の五十六・四パーセントが地下水だ。全国平均では地下水は約二割だから、うらやましいくらいの名水県と言える。

また、福井は「越山若水《えつざんじゃくすい》」と言われる。緑の山々に恵まれた越前と、清らかな水が多い若狭という意味だ。ただし、緑が多いということは、それだけ降水量が多いことでもあるから、県こぞって水が豊かである。

たとえば、若狭の神宮寺には毎年三月二日にお水送りの行事がある。奈良東大寺の井戸に水を送るという伝承で、若狭の水が東大寺のお水取り（修二会《しゅにえ》）の主役になるのだ。

和食文化は日本の豊かな水環境から生まれただけに、水を活用した調理法にすぐれている。野菜料理で言えば、おひたしだ。いい水をたっぷり吸って育った青菜を大量の水でじゃぶじゃぶ洗い、これまたたっぷりの水でゆで、きれいな水にさらして引き締めて、水気をしぼる。これでできあがり。あとはかつお節をふりかけて、醤油をちょろりとしたらせばいい。つまり、これでもかというぐらい大量の水のお世話になるのである。

おひたしにすると最高と言われるのは、勝山水菜。霊峰・白山を見はるかす福井県勝山市の伝統野菜で、京野菜系の水菜とは別種である。菜種に近い葉菜で、見た目はアブラナそっくり。雪に埋もれながら育つ早春の青菜だ。

そして、勝山水菜は清らかな水を頼りにして育つ。勝山水菜出荷組合の三觜《みはし》春子さんにきいたら、勝山市のランドマーク・勝山城に近い北市《きたいち》地区の生産者は合わせて十戸で、

「九月中旬、稲刈りが終わったら、田んぼに種をまくんです。芽が出て三十センチくらいになる頃、雪が降り始めます。いったん雪に埋もれさせて、根雪になる前にビニールのトンネルをかけるんです」

おなじみのかまぼこ型のトンネルで覆うのだ。そして、根雪が積もったら、畝と畝の間の溝に水を流してやる。この水は水菜のためでもあるけれど、雪を解かす役割を果たす。つまり、トンネルの上に積もった雪を、いちいち手で払いのけて、溝に落としていく。雪は水に解けて流れるいっぽうで、土にも染み込むから、水菜はたっぷり水を吸うことができる。

「水気が多い環境でないと、水菜はおいしくならないんですよ」

だから、雪の少ない年には、水をどんどん流してやらなければならない、かといって、雪が厚く積もるとトンネルがつぶれてしまうので、雪の多い年にはまめに雪落としをする。現代、トンネルを支える支柱は鉄パイプ製が多いけれど、雪の重みに弱くて、ぺちゃんこ

勝山水菜は雪に埋もれて育つ勝山市の伝統葉菜。おいしい水をたっぷり吸っていて、やわらかく、みずみずしくてほのかな苦味がある。

につぶれてしまう。昔ながらの竹製のほうがはるかに丈夫だそうな。

ともあれ、雪に覆われたトンネルのなかで、水菜はすくすくと育っていき、雪が積もれば積もるほど甘味が増すという「寒締め」の効果があらわれる。トンネルが発明される以前は、ずっと雪の下で倒れたまま伸びつづけていたくらいだから、寒さには強いのだ。雪の下の土はわりにあたたかいし、温度が一定だから、意外に育ちやすい環境なのだろう。それに、害虫がいない季節だから、農薬も不要というわけだ。

「雪が少しずつ解け始めたら、収穫です」

ちょうど二月中旬だ。その頃には、水菜は高さ四十センチにも育ち、青々と葉を茂らせ、その合間には花芽が伸びている。薹《とう》はずいぶん太いのだが、水分をたっぷり含んでいるので、さっとゆでると、葉も薹もすぐにやわらかくなる。

「とくに薹が甘くて、甘くて、おいしいんです」

三觜さんは心からうれしそうに笑う。甘さの奥に、アブラナ科の野菜ならではのほろ苦みがしのんでいるのが心地よいアクセントで、しかもみずみずしい。水菜が出たら、白菜もほうれん草も出番がなくなる。この時季、三觜さんは冬の間スーパーで買っていた青菜類をいっさい使わなくなる。煮ものも炒めものも漬けものも、どうやって食べても水菜がいちばんおいしいからである。

また、三觜さんがメンバーになっている女性グループ「食彩工房　味こよみ」は総勢四名。勝山水菜の塩麴漬けなどを開発し、大好評だそうである。

水をたっぷり吸った青菜

帰京後の二月中旬、ようやく旬が来て、東京・銀座のアンテナショップ「食の國　福井館」で、産地直送の勝山水菜を買うことができた。青々した葉っぱは、雪国の特産品とは思えないほど元気いっぱいだった。かつては雪国では冬の間は野菜不足に悩んだものだ。雪の下で元気に育つ葉菜なんてめったにあるものではない。野菜の保存方法は漬けものであり、乾燥野菜だった。それすらも、春寸前の時季には切れてしまい、人々は春の到来を日々心待ちにしていたのだ。勝山水菜は春一番の野菜なのである。

購入した水菜でつくったのは、勝山でおそわったみぞれ煮。醬油、酒、みりんのだしで、豚肉と水菜を煮て、仕上げに大根おろしを加えて一混ぜする。水菜の色も香りも目においしく、やわらかくてしなしなとした食べくちが最高。清らかな水の香りが口中に広がる。想像をはるかに越えたおいしさであった。青菜を満喫するには、やはり和風がいい。

ところで、現代の野菜はどんどん改良が進んでいて、早生種、中生種、晩生種などさまざまに分化している。たとえば、わたしたちが園芸店で大根の種を買おうとすると、あまりの多さにたじたじとなってしまう。栽培しやすく売りやすい野菜を種苗会社が開発しているのだ。そして、農家もまた種苗会社から種子を買っている。一般的な農家では種子の管理までは手も頭も回らない。

その点、伝統野菜は固定種だ。つまり自家採種が絶対条件だから、その地域でなければつくれないし、熱心な農家がいなければつづけていかれない。

勝山水菜の場合も、伝統野菜として血統を守っていくには一苦労も二苦労もする。三嶋春子さんを五月に再訪した。収穫が終わって一段落だろうと思ったのに、その反対で、いちばんたいへんな時期だった。

種子どりの真っ最中だったのだ。とくに育ちのいい勝山水菜は収穫せずにそのまま成長させ、花を咲かせて、翌年用の種子をとるのである。自分の畑のいちばんいい水菜の子孫を残す――何百年も農家がつづけてきた大切な作業だ。

ポイントは優秀な水菜の花粉と雌しべをうまく組み合わせること。せっかく選抜したのに、他の畑のものと交雑したのでは何もならない。だから、三觜さんは種子どり専用のビニールハウスを一棟建てている。気に入った水菜をその中で育て、花が咲く頃に蜜蜂を放す。女王蜂と蜂の一家を丸ごと買ってくるのだ。

「だいじょうぶ。刺されたりしませんよ」

と言われて、安心してビニールハウスに入ったら、まあ、みごとに育っていること。高さ一・五メートル近くあり、さすがアブラナ科だけあって、菜の花そっくり。と言っても、もはや菜種になった段階で、びっしりついた細長いさやに種子が入ってぷっくりふくらんでいる。でも、まだちらほら花も咲いている。蜂たちもそろそろ役目を終える時期で、ゆったりと飛び回っている。

「ここまで来れば大丈夫。来年、初物がとれたら送りますね」

と、三觜さんはにっこりと胸をたたいた。わが子を見守り、育てるつもりでないと、伝統野菜は維持できない。その体力と気力を支えているのは、ふるさとを愛する心である。

――だから、三觜さんの表情も笑い声も明るいのだ。

年に五カ月だけもたらされる海の幸「越前がに」

十一月六日の解禁日

毎年十一月五日夜。特別な緊張感が県内の漁港に広がる。皓々《こうこう》と明かりがともり、人がせわしなく行き交う。誰もが寡黙で、空気は固く引き締まっている。停泊した漁船のエンジン音だけが暗い海に吸い込まれていく。数時間後、十一月六日の午前〇時に、越前がにの漁が解禁になるのだ。その時刻にちょうど漁場に着くように、各漁港ごとに一斉に出船するのである。

越前がにの水揚げは一九六〇年代には千トンあった。だが、一九八〇年頃には乱獲のせいで三百トン以下にまで激減し、最近は資源保護の効果があらわれてようやく五百トン台にもどってきた。漁師たちは今年の大漁を祈るいっぽうで、来年、再来年、五年後、十年後のかにに漁を心に思い描いている。先祖から受け継いだ海が荒れ果てては困る。きれいで豊かな海を子孫にきちんと渡したい。それで、出港前の漁港には期待と不安が入り交じり、喧騒と沈黙が併存しているのである。

三国港、越前漁港、敦賀港、小浜港。これらの港で水揚げされるズワイガニだけが越前がにと称される。

かにの揚がる港、三国

二月。県北部の坂井市三国町を訪れた。

三国は古くは三国湊《みくにみなと》と呼ばれ、九頭竜川河口の港で、北前船の寄港地としてにぎわったところ。福井駅からはえちぜん鉄道三国芦原線で約五十分。終点・三国港《みくにみなと》の駅前に漁協と魚市場がある。

古い町並みもよく残っていて、問屋の建物や明治時代の銀行が並んでいるうえ、明治の小学校も復元され、みくに龍翔館《りゅうしょうかん》という博物館になっている。町全体が九頭竜川沿いに広がっていて、民謡の三国節では「帯ほどの町」と、細く長く伸びた家並みを歌われている。明治時代までは活気に満ちた港町だったが、今はひっそり。でも、風情がしっとりしているのは、昔ながらの雰囲気を残す旅館や料理屋が並んでいるからだ。

三国港に揚がる越前がには、とくにおいしいといわれ、毎年一月には皇室に献上されている。「献上がに」は三国の漁師の誇りなのである。

越前がには、標準名はズワイガニ。京都や山陰では松葉がにと言う。越前がにのオスの脚――はさみがついている脚の根元には、黄色いプラスチックのタグがつけられる。「越前がに」ブランドの証明書である。そして、三国港に揚がった大型のオスがにはもう一つ「三国港底曳組合認定」というタグもつけられる。余談だが、かにのタグを始めたのは福井県が最初で、今は各地に広がっている。たとえば鳥取松葉がにのタグは白地に赤色。緑のタグが京都府の間人《たいざ》がに、青のタグが兵庫県の津居山《ついやま》がに、白色のタグが兵庫県の香《か》住《すみ》がにである。

三国港から出る漁船は大小合わせて十二隻。約二十キロ沖、深さ二百五十～三百五十メートルで漁をおこなう。夜中に出港して帰ってくるのは夕方。かには鮮度が大事だから、すぐさま水揚げされて、夕方六時からせりが始まる。

トロ箱にぎっしりかにが並んだ姿は壮観だろうが、なんとなんと、わたしが行った日は、海が荒れて船が出られず、せりは休みだった。それで、誰もいない市場を一回りしたあと、魚市場の真ん前にあるかに料理屋「蟹の坊」に入った。

三国港が越前がにの水揚げでにぎわうのは、一年のうち五カ月ほどだ。それでも、主人の刀根《とね》瑛昌《てるまさ》さんは店名に「蟹」の文字を使うことに執着した。

「ぼくは三国の料理旅館の生まれだけに、地元の食材が心底誇らしいんです。だから、地産地食でありたい。地産地消ではなく、その場ですぐ食うという意味です。すぐ食ってうまいのは、越前がにに尽きるわけです」

それで、あえて市場の真ん前に開店したのだ。

また、刀根さんは、海岸沿いに連なるかに自慢の宿の一軒、望洋楼の当主であり、京都で修業した料理人でもあるから、地元の味を客観視できる。だから、越前がにには地元食材が合うと喝破している。かにをゆでる水は白山系の軟水。塩は越前の海水塩。もちろん、かには必ず自分の目で選ぶ。目の前の三国港か、車で四十分の越前漁港に仕入れに行くのである。三国のせりは夕方、越前漁港のせりは朝なので、はしごできるのが強みだ。

あでやかな朱色にゆで上がった越前がに。甲羅のなかにかにみそがたまるように甲羅を下にして取り扱う。（望洋楼）

大胆に繊細に食べるのがコツ

「蟹の坊」の店内には大きな水槽があって、越前がにが入っていた。越前漁港で揚がったものだ。水槽の水温は五度。水深三百メートルの海の底は、それくらい冷たいのである。海底は砂泥底なので、刀根さんは、いったん水槽に入れて泥を吐かせる。

生きたかにの色はダークな赤だ。それを店先の大鍋でゆでる。みそが甲羅にたまるように、腹を上にして湯に入れるのが鉄則だ。湯気が景気よく立ちのぼり、やがて鍋のふたを取ると、かにはあざやかであでやかな朱赤色に変わっている。かすかに海の香りがする。そして、熱気を放ちながら、かには静かに体を冷やしていく。

どんな様子だったか、実況中継してみよう。

大きなかにだったので、ゆで上がるまで三十分ほどかかった。直径五十センチほどのざるにのって登場したが、もちろん、脚ははみ出している。越前がにの大きさは甲羅の幅が九センチ以上と決まっているが、それはすなわち、脚を広げると堂々八十センチはあるということだ。

先ほどの暗い色調とは打って変わって、朱色が妖艶で美しい。食欲をそそる赤だし、豪華な赤である。脚を割ると、真っ白い身で、表面には一部赤いところもある。赤と白がきれいに分かれているのは、鯛の刺身とも共通した色合い。おいしいもの同士、色合いも似てくるのだろう。

かにの脚のなかにははちきれそうなくらいぎっしりと身が詰まっているので、なかなか殻からはずれない。わたしはかにフォークを駆使して格闘したが、地元の方々は脚の先の爪を利用して、なんなく身を引っ張り出している。

口に入れると、ふっくら。さっぱりしているのに、甘い。でも、砂糖の甘さとはまったく違う。ごく自然な甘味である。そして、口を動かしているうちに、うま味が湧きでてくる。染み出てくるのではなく、湧き出してくるのである。けっこう味が濃いのは脂がのっているせいだが、脂自体がとても淡白だから、うま味のなかに溶け込んでしまっている。

ゆでたてだからおいしいには違いないが、わたしはかにの温度がほどよいせいでもあると思う。あたたかいわけでもなく、冷たすぎることもなく、室温になじんだ加減が、かにの味を一段とふくよかに感じさせるのではないだろうか。

おいしくて、ため息をつく。でも、そのときには、もう二本目の脚に手を伸ばしている。

越前漁港のかに

三国から海岸沿いに約三十キロ走ると越前岬である。水仙の群落と絶壁で知られた景勝地だ。越前がにの漁期は、ちょうど水仙のシーズンと重なる。

越前岬の南に四キロにわたって小さな漁港が点在している。見ると、どの港も断崖の下にへばりついたような形だ。日本海に直面した岩場を防波堤で囲み、小さな港をつくっているのである。崖の急斜面がそのまま海中につづいているとすれば、港のすぐ先でもすさまじい深さに違いない。じっさい、越前町漁業協同組合の小倉孝義さんと南直樹さんに言わせると、

「漁場のあたりはね、百二百三百と階段状にずんずん深くなっているんだ」

「そういう変化のある地形は潮がよく通るし、そのぶんかにの餌も多い」

「結局、うまいかにがとれるというわけなんだよ」

ともあれ、越前漁港は県内随一のかに水揚げ港で、出船するのは大型船六隻、小型船四十四隻。漁場は一、二時間ほど走った越前沖で、夜に出航して次の日は丸一日漁をし、朝九時のせりに間に合うように帰港する。当然、とびきり新鮮なかにばかりである。

湯気もうもうのなかでゆでる

ここは、越前漁港近くの厨《くりや》集落にある「料理宿やまざき」。古民家を移築した純和風の旅館で、風呂は温泉である。ご主人の山崎嘉朋さんはまだ三十代だが、ふるさとへの想いが、そのままかにへの想いにつながっている。

「今日はいいかにが入ったんです」

と、うれしそうな山崎さんの笑顔に便乗して、わたしは宿の裏手にすえつけた専用釜ま

でついていってしまった。かにを仕入れることと、ゆでることとは、この宿の主人の役目なのである。

　みぞれがふり、強風が吹き荒れるなか、石油バーナーで湯をぐらぐら沸かした直径一メートルの大釜に、大ざるに入れたオスがにをそのまま沈める。その瞬間、すさまじい湯気が立ち上った。山崎さんはストップウォッチを見ながら、こまめに火力を調整している。ゆでること二十分。釜のふたを開けると、湯気が吹き上がる。山崎さんはざるを取り出し、そのまま厨房に走っていく。あわてて追いかけ、ガラス戸越しにのぞいたら、熱いかにの脚に包丁で手早く切れ目を入れているところだった。大皿にどさっと置き、かにの姿をととのえると、こんどは仲居さんが皿をかかえて走り出す。そのまま客室に直行するのだ。

「かには湯掻きだちに限りますからね」

　一仕事終えた山崎さんが、ふうっと一息つきながらつぶやいた。だから、いったんゆで上げたら、お客の口元までリレーで走って運ぶのだ。

　さて、次はいよいよわたしのかにをゆでる番だ。部屋にもどり、地魚の刺身をいただきながら待つうちに、かにが到着した。まだ湯気が立っている。

　先ほど、甲羅の幅九センチ以上が越前がにと呼ばれると述べたが、目の前のかにには甲羅幅が十六センチもある特大だ。もちろん、脚に切れ目は入っているけれど、さらにかに専

用のはさみを使ったから、いっそう楽にさばける。山崎さんも、

「かには、ご自分の手をよごしながら食べるほうが、うまいんです」

と言っていた。わたしのように食べ馴れていない「かにファン」にとっては、はさみはまことに便利だ。

つるりと殻から出てきた身は、表面は赤と白のグラデーションで、がぶりとやると、中は神々しいほどの純白。甘くて、コクがあって、ジューシーだ。ほおっと、ため息が出る。山崎さんのアドバイスどおり、甲羅のなかのみそをつけてほおばったら、みそがまだ熱い。その熱さもごちそうのうちだ。またも、ため息をついてしまった。身は甘味にあふれ、みそにはかにのエキスが凝縮している。天然のうま味って、どうしてこんなにやさしくて軽やかなのだろう。

最後に、また三国港にもどった。刀根さんの望洋楼のすぐ隣の宿、若ゑびすである。ここは女将の北山佳代さんが越前がにに力を入れている。宿は海岸の岩場に建っていて、床下にあたる岩に大きな水槽がしつらえてある。水槽の暗く冷たく静かな海水のなかで、かにに泥を吐かせるのである。

身も心も穏やかになったところを見きわめて、すばやく調理場に運んでゆでる。北山さんはかにを愛してはいるけれど、本当のところは、かにを食べるお客をいちばん愛してく

れているようだ。

地産地消の知恵——石塚左玄と杉田玄白

福井から始まった「食育」の思想

和食の未来は決して楽観できない。食材をとりまく環境があまりに変わってきたし、人々が以前ほど食を大切にしなくなったり、食への思いが大きく変化をしてきたからだ。次の世代に和食の伝統を受け継ぐこと自体がむずかしい状況になっている……。

そこで考えられたのが「食育」という教育システムだ。平成十七年（二〇〇五）に食育基本法が制定され、「子どもたちが豊かな人間性をはぐくみ、生きる力を身につけていくためには、何よりも『食』が重要

石塚左玄。いまから100年以上も前に、すでに「食育」を提唱していた先見の明の持ち主。明治10年撮影。（提供 NPO法人フードヘルス石塚左玄塾）

である」という主旨のもと、学校を中心に和食文化の継承を推進することになった。

この法律ができる百年以上も前に、すでに「食育」を提唱していたのが石塚左玄《さげん》である。福井市の町医者の息子として生まれ、軍医となった後、石塚食療所という診療所を開設した人物だ。その間に、食養・食育論を築き上げ、その教えは弟子たちによって広められた。弟子のなかには、世界へ啓発をおこなった人もいて、彼の食養論が「マクロビオティック」となって一部に定着している。

食育の元祖、石塚左玄

福井市でNPO法人フードヘルス石塚左玄塾を主宰する岩佐勢市《せいいち》さんは、現代の視点から石塚左玄にあらためて注目した方だ。食育の場をつくり、イベントを催し、各地で講演したりと、日々積極的に活動している。

「左玄の言う食育は、百年後の日本をちゃんと見すえたものでした」

今こそ左玄の話に耳を傾けるべきだとおっしゃる。その食育論のエッセンスとは、
一、家庭での食育の重要性。食育は教育の基本だから、親が子供に向けておこなうものであり、人づくりそのものである。

二、命は食にあるという食養道の考え。心身は食によってつくられ、食が人の健康を左右する。
三、人間は穀食動物である。人間の歯やあごを見ると、雑食・草食・肉食ではなく、穀物を食べるのに適している。日本の代表的穀物は玄米である。
四、食物は丸ごとで食べる。栄養は食材の一部にあるのではなく、全体にあるのだから、根や皮などすべてを食べるのがよい。お米のぬか（玄米）や大根の葉や根など。食べものの栄養を無駄にしない、無駄にさせないのが一物全体食である。
五、地産地消で、新鮮で旬のものを食べる。住んでいる地域の農産物が体にやさしく、栄養価値が高い。農産物を食べるのがいちばん自然で身体にやさしく、豊富な栄養があり、健康的である。
六、バランスのいい食事。食はかたよってはいけない。あくまで調和が大切である。

「といって、毎日のことですから、あまりとらわれてはやっていかれない。『食の原点を忘れないように』というニュアンスでいいんです」

と、岩佐さんは柔軟だ。

「地産地消と言っても、福井県産だけですべてそろえることは現代では不可能です。国産という程度でいいんです」

岩佐さんは、自らが体験してきた三十年前の日本の食事が理想だと考えている。それが和食であり、健康につながるのである。

当然、ご自分でも毎日実践している。ご飯は玄米中心で、炊き込みご飯にしたり、発芽米や麦飯にしたりすることもある。圧力釜は大切な調理器具だ。

いちばん大切な朝ごはんは、ご飯と味噌汁、海苔などの海藻類、卵焼き、生野菜が基本。味噌汁は毎食欠かさないそうだが、この効果は大きい。というのも、わたしは味噌汁は野菜料理だと思っているからだ。生野菜サラダはかさがあって、そうそう食べられないけれど、汁の実にすれば、ボリュームが減るうえ柔らかくなり、根菜も葉菜もいくらでもするする入る。

そのうえ、和食の作法では「汁」はお代わりしてもいいので、その特権を生かしつつ、同時に思いきり具だくさんの味噌汁にして、ビタミンもミネラルも食物繊維も抗酸化物質もたっぷりとるのが賢い。岩佐さんは、きっと味噌汁を活用して栄養バランスをとっているに違いない。

杉田玄白の養生七不可

さかのぼって、江戸時代の小浜藩には医師・蘭学者の杉田玄白がいた。『解体新書』を翻訳したのはご存じのとおりだが、「養生七不可」の心得を提唱したことはあまり知られていない。残念だ。

一、昨日の失敗を悔やまないこと。
二、明日のことは過度に心配しないこと。
三、食べすぎ、飲みすぎに注意すること。
四、風変わりなものは食べないこと。
五、何事もないときは薬を飲まない。
六、元気だからといって無理をしないこと。
七、楽をせず、適度に運動を。

なるほど、なるほど、現代人全員が肝に銘じなければならないことばかりだ。飲食についても、まったく、おっしゃるとおりである。日常生活の心得のなかで、食の位置が大きいことにあらためて注意していただきたい。

地元の食べものにふれる若狭町の子供たち

では、福井県での食育の実態はどうなのだろう。三方上中郡若狭町産業課の三宅里美さんの活動ぶりを拝見したら、とても多岐にわたっていたし、柔軟に発想し、それでいて地道な努力を重ねていた。若狭町は三方五湖のひとつ三方湖畔から鯖街道の熊川宿周辺までのエリアである。

若狭町の食育の大テーマは地産地消だ。若狭町は海山里の多彩な食材に恵まれているのだが、地元では必ずしもそれが理解されていない。

「子供たちに〝食〟に親しんでもらうには、学校給食を活用するのがいちばんんです。若狭町地産地消推進グループでは給食の主食に米粉パンを導入しています。最初は不評でしたが、食感や香りに改良に改良を重ねて、今ではおいしい人気パンになりました」

若狭町は米産地でもあるから田んぼが多いが、毎日の通学で見ているはずなのに、子供たちの目には映っていない。そのためにあえて米粉パンを製造し、給食時間に地元の米からつくったことを毎回説明したのである。三方小学校の「ゆりかご米」（82ページ参照）も、その延長上のプロジェクトなのだ。

「野菜などは生産者からも給食センターに直接納入します。伝統野菜の山内かぶらも使っているんですよ」

福井県は伝統品種のかぶ（99ページ参照）が多いが、子供たちの大部分は山内かぶらを見たことがない。給食は絶好のPRの機会なのだ。また、生産者にとっても販売先ができるのはいいことだし、地元の子供たちが食べてくれることが何よりも励みになる。

「若狭町は、海岸でとれるもずくがおいしいんです」

三宅さんは元気よくつづけた。

「まず、若狭町食育連携会議委員に、給食用の試作メニューを食べてもらいました。もずくと玉ねぎ、コーンのかき揚げ。もずくの澄まし汁。現代の和食は幅広く発想しなければ、子供たちに受け入れてもらえませんからね」

食育は学校、栄養士、調理士、保護者それぞれの意見も調整しなければならない。三宅さんは目をきらきら輝かせているが、わたしはその手続きの煩雑さに、ついため息をついてしまった。

「子供たちは〝受け身〟でおぼえた知識は身につかないんです。参加しなくちゃ駄目なのね」

そこで、三宅さんは郷土料理のたこ飯にも挑戦した。元々は漁師料理で、ぶつ切りのたこを炊き込んだご飯だ。桜色に染まったご飯は子供たちの好物でもある。三宅さんは、子供たちにもっとおいしくする工夫を研究してもらった。秀逸だったのは里芋を加えるアイディア。〃いも・たこ〃の組み合わせが大好評だったし、イベント会場で子供たち自身に販売してもらったので、とても印象に残る体験となり、子供たちの笑顔が最高だったそうだ。

それから、忘れてならないのが若狭町最大の特産物「福井梅」である。福井梅（216ページ参照）は収穫体験とともに、梅干しや梅シロップをつくる。今年おぼえた子には、来年は下級生の指導役になってもらう……。

話を聞いているうちに、わたしは和食の再生に大きな希望をもち始めた。

御食国・小浜のユニークな食育

御食国（34ページ参照）の自負をもつ小浜市では、キッズ・キッチンというユニークな食育の場を設けている。対象は四〜六歳。料理については知識も体験もない年齢のはずだから、キッチン初体験になる。

御食国若狭おばま食文化館がメイン会場。子供たちは和包丁をもつし、魚をさばき、料理をつくって配膳し、食べることへの感謝の気持ちに包まれながら、親と一緒に食事をする。この段階で、福井県ならではの特産品の若狭塗箸（247ページ参照）、河和田《かわだ》塗（245ページ参照）、越前打刃物（238ページ参照）などの食卓や調理に不可欠な道具、器にも親しむことになる。

料理ができるまでの間、親は別室からガラス越しに見守るだけである。それだけに、ひとりでできた！　その感動は子供たちの胸にいつまでも残る。そして、子供たちの満足げな表情を見ることで、大人たちもまた変わっていく。――そんな素敵な連鎖反応が楽しい。

第4章　昆布ロードとだし文化

北前船から始まった日本縦断の食文化ロード

世界地図から見た若狭湾

わたしの仕事部屋には、大きなアジア地図が貼ってある。普通の地図と違うのは、南北が逆さまになっていること。いちばん下がロシアで、インドシナ半島が真上に伸び、左下が日本である。国と地形が単にひっくり返っているだけなのだけど、日本列島が大陸に抱きかかえられた位置にあることがわかる。日本海は、対馬海峡と宗谷海峡が開いてはいるものの、まるで湖のように見える。

その〝湖〟の縁に弓形に伸びているのが日本で、その真ん中で一段へこんでいるのが若狭湾だ。大陸側から俯瞰すると、いかにも船を着けやすそうな立地だし、いったん上陸すれば京の都にも近い。

それが外国からどの程度認識されていたかは、象の話をするとわかりやすい。応永十五年（一四〇八）、小浜港に南蛮船が着き、室町将軍・足利義持に献上される象が上陸したのだ。正確に言うと、明王朝にゆかりのあるスマトラ島の華僑・施進卿が派遣した船がインド象をのせてきたのであり、象は若狭街道を歩いて京都まで行ったという。余談だが、現在の小浜市庁舎には、象が着いたシーンを描いた絵が飾られている。

このエピソードから、若狭湾が海外に向かって名実ともに開かれていたこと、そして京の都への入り口と思われていたことが推測できる。

若狭湾は国内航路にとっても重要な地域だった。蝦夷地（北海道）、東北、北陸と京都・大坂（大阪）を結ぶ物資輸送ルートの要だったのである。

日本海航路は、江戸時代になって急速に発展した。平和な時代がやってきたからでもあるけれど、何よりも年貢米を大坂などの米穀市場に運んで換金しなくては、藩の財政が立ち行かないのである。また、貨幣経済が進むにつれて、現金収入につながる特産品の交易も盛んになった。

日本海文化をつくった北前船

その時代、物資輸送に活躍したのが北前船である。

福井市にある福井県立歴史博物館の山形裕之副館長が、展示された船模型を指さしながらおしえてくれた。

「江戸時代後期から明治時代にかけて、北前船に用いられた船の型は、弁才《べざい》船という船型です。明治後期からは、より積載量を多くするために、船腹（船幅）を大きくしたずんぐりむっくり型の弁才船がつくられるようになりました。そうした弁才船を北前型弁才船と言い、船型の名称として北前船という語が用いられました」

弁才船の積載量は、「石」という単位で表す。これは、重量ではなく容積を意味する。たとえば、千石船というのは、米を千石積むことができる船のことである。ちなみに重量で換算すると、一石は俵で二俵半にあたるから、一俵六十キログラムとして計算すると、百五十トン積める船ということになる。

北前船の定義には諸説あるが、「北前船」という語は、瀬戸内・大坂方面で用いられていたもので、日本海沿岸各地からやって来る船の総称である。そして、船主は日本海沿岸各地に居住し、とりわけ越前から越中にかけての地域に多かったようである。彼らは甲板にまでうずたかく積んだ荷を港々で売り買いしながら北へ向かい、蝦夷地でとれたにしん製品（身欠きにしん、にしんかす〈しめかす〉）、あるいは昆布などの海産物を大量に仕入れ、再び日本海を南下し大坂へと向かうのである。

北前船の特徴は、たんに荷物を運んでその運賃を稼ぐだけでなく、寄港地で商品の売買をおこなうことで利益を得る、いわゆる「買い積み」という方法である。つまり、安く仕入れた商品を高く売れるところで売りさばいたのである。動く商社なのだ。なかでも、蝦

北前船は、北海道から敦賀を経て大阪へと食文化を伝えた。南越前町河野には日本海五大船主の右近家があった。再現した船と筆者。（北前船主の館・右近家）

夷地の海産物は、大きな利益をもたらす商品であった。

「食関連で言うと、越前・若狭で積み込んだのは、大坂へ運ぶ米が多かった。縄や叺《かます》などのわら製品は北へ行く船に積みました。これはにしんの梱包用だったんです」

そう、北海道からはにしんが送られてきたのである。

敦賀湾の入り口近くの南越前町河野《こうの》は北前船の拠点で、日本海五大船主として知られる右近《うこん》家の屋敷が「北前船主の館・右近家」として公開されている。最盛期には三十艘近くも船を所有していただけあって、まことに豪華な館である。

その菩提寺でもある浄土真宗の寺の住職

にして河野北前船研究会会長である右近恵さんは、

「身欠きにしんはたんぱく源として喜ばれましたが、圧倒的に多かったのは〝しめかす〟でした。にしんを大鍋で煮て圧搾したもので、肥料として使われたのです」

なるほど、関東の干鰯《ほしか》と同じ用途だったのだ。大坂まで運ばれた〝しめかす〟は、江戸時代に本格化した商品作物の木綿、菜種、藍などの栽培に用いられたのである。

そういえば、鯖江市の内田秀一さん（79ページ参照）を取材したときに、「ぼくが子供の頃は、田んぼに生の鯖やいわしを丸ごと挿し込んで肥料にしていた」という体験談を聞いたことがある。

田んぼに魚を刺す？　と、そのときは怪訝《けげん》に思ったのだが、右近さんは、

「夏にしん、秋にしんは〝しめかす〟にして大坂へ運んだけれど、春にとれたものは脂が少ないので身欠きにしんに加工したんです。三枚におろした身のほうは身欠きになり、残った中骨部分は〝胴にしん〟と呼ばれて北陸の港で下ろされました。福井の農民は、そのにしんを田んぼにずぶずぶ突き刺して肥料にしたんです」

と、説明してくれた。そんなすさまじい農法は江戸時代だけのことだと思っていたけれど、内田さんの話のように、昭和にまで残っていたのである。

かつて北海道では米がとれなかった。それで、当時の松前藩では、にしんや鮭、昆布、

さらにそれらの漁業権などを年貢替わりにし、金銭に換えていたのである。福井から梱包材のわらを積んだ理由もこれでわかる。北海道ではにしんや昆布は米と同じ役割をつとめ、米をつくる田んぼの肥料になったのだ。米文化は広く、深い。

身欠きにしんの食文化

北前船の運んだ食文化では、昆布と身欠きにしんの存在が大きい。昆布については後ほど述べるが、身欠きにしんは各地で郷土料理化して今も活躍中である。

わたしが知っているのは、たとえば、山形県村山市のそば屋・あらきそばで、そば前の一杯で肴にしたにしんの味噌煮。よくもどしたにしんを甘辛味でことこと煮含めた逸品だ。

北前船の航路をさらにたどると新潟。川船で阿賀野川をさかのぼって、一山越えると会津若松市。ここでは身欠きにしんをたっぷりの山椒の葉とともに漬けた山椒漬けが名物。まったくの山間部なのに、北前船が伝えた食材を風雅においしく料理している。

北陸に入ると、福井では昆布巻きに身欠きにしんが欠かせない。昆布ともにしんともつき合いが長いだけに、どこの家で食べてもやわやわと上手にうま味を含ませてある。でも、昆布巻きはごちそうの部類で、かつては「身欠きかぶし」という料理が定番だったと聞く。ただ、今はどれほどつくられているか……。こころもとない。ともあれ、春ならば、せん切り大根とじゃが芋とにしんを煮染《にし》め、夏はなすと芋とにしん、秋冬には大根、にんじん、里芋、にしんといった具合に、身欠きにしんのだしで地野菜を煮染めたものである。

また、にしんずし（87ページ参照）もある。身欠きにしんを米のとぎ汁でやわらげてから、麹、塩漬け大根と一緒に二週間ほど漬けたもので、正月のごちそうとして珍重される。

といった具合に、身欠きにしんは山間部にとってはもちろんのこと、冬に荒れる日本海に面した地域でも、貴重な保存食品だったのである。

乾物の保存度、便利度

現代は冷蔵庫のある暮らしに慣れすぎて、「乾物」というすばらしい保存食品に目を向ける機会が少ないが、このかちんかちんの食品が和食文化の一端を担っていることをもっと評価してもいいと思う。

天日干しはわりに簡単で、切り干し大根を始め根菜類は干しやすい。生干しでもある程度保存がきくので、生鮮野菜が不足しがちな雪国ではとりわけ重宝される。もちろん、にしん、たらなどの魚も乾物になるし、いかを干したするめの味は日本人の郷愁の味でもある。

ユニークなのは凍結乾燥品だ。凍《し》み豆腐、寒天、凍み餅、凍みこんにゃく、寒干し大根などが代表で、夜間に主に屋外に置いて凍結させ、昼間は日に当てて溶かす方法だ。これを何度もくりかえしているうちに、だんだん水分が抜けて、最後はからからに干し上がる。

いずれにしても、乾物は水につければすぐにもどるのが便利なうえ、生のときとはまた違った風味を醸し出す。干ししいたけなどはいい例で、乾燥させていくうちに、水分の減少に比例して酵素が活発に作用し、香り成分が醸成されるとともにうま味成分のグアニル酸が増える。さらに、中国料理の鮑《あわび》の煮込みそっくりのなまめかしく、したたかな口あたりまで生まれる。ほかの乾物類についても同様な作用があり、おいしさがきわだつ例が多い。

和食の基本はだし、だしの基本は昆布にあり

縁起物の昆布

和食文化の視点からいうと、北前船の道はすなわち昆布ロードでもある。昆布は和食の基本食材であり、食べものとしても、だし素材としても、比類ない味わいを発揮する。

昆布は奈良時代以来ずっと、貴重薬あるいは高級食材として上流階級に賞味されてきた。交通事情を考えると、北海道・東北からの道のりはたいへんだったが、昆布は乾物にして運べるので、輸送の点では便利だった。

また、昆布だしが注目されたのは鎌倉時代に禅宗が伝わってからのようで、精進料理の味つけに欠かせないメインのだし素材となり、日本海航路の発展とともに順次全国に広まっていった。

戦国時代になると、昆布は縁起がいいとして好まれ、「打ち、勝ち、喜ぶ、勝男武士」と言葉をつなぎ合わせて、打ち鮑（干し鮑）、搗《か》ち栗（栗を干して搗《つ》いたもの）、昆布とセットにして並べられた。勝男武士とはかつお節のことだから、和食のだし素材はこの時代にすでに出そろっていたことになる。

語呂合わせついでに言うと、現代でも昆布は、結婚の結納の際に「子生婦」と文字を当てて子孫繁栄の縁起物になっているし、「よろ昆布」として、正月の鏡餅やしめ飾りに昆布をあしらうことも多い。

北海道からの長い旅路

昆布の旅路をたどってみよう。生産量の九割以上は北海道産である。道南の松前白神岬から函館を経て室蘭に至る海岸で収穫されるのは真昆布。道北の利尻島、礼文島から稚内にかけては利尻昆布。知床半島では羅臼昆布がとれ、日高地方では日高昆布となる。おおざっぱにいうと、北海道の東西南北の四つの出っぱりがそれぞれ昆布の主産地なのである。

人々は古くから昆布を食べ、やがて干して折り畳むという保存法を編み出した。昆布は乾燥品をただしゃぶるだけでも濃いうま味が楽しめるし、かちんかちんでも水ですぐにもどせる。そのうえ、保存がきく。いいことづくめだったのである。このほか甲状腺ホルモンの生成に不可欠なヨウ素をたくさん含んでいるという栄養面でのメリットもあった。

じつは、わたしは北海道で昆布をとった経験がある。昆布漁師の小舟にのせてもらったのだ。場所は函館市川汲《かっくみ》町。内浦湾（噴火湾）に面した海辺で、函館から車で一時間ほどのところである。

川汲浜は、真昆布のなかでも最高ランクの白口《しろくち》昆布がとれる超有名産地だ。昆布漁師は六月末から八月までは昆布をとり、そのあとも出荷作業に追いまくられる。二年ものの天然昆布と、促成・養殖と呼ばれる一年または二年で刈り取る養殖昆布がどちらも夏が収穫期だからである。

昆布漁師は早朝に出漁し、箱眼鏡で水中をのぞきこみながら、先端が三叉《みつまた》になった長い竿《さお》をあやつって、海底の岩盤から昆布をからめとる。小舟が一杯になったら浜へ戻り、すぐに乾燥作業にかかる。それも、天気のいい日に一日で乾燥させなくてはならないから、大忙しだ。最近は機械乾燥が主流だが、天日乾燥のほうが、うま味成分のマンニットがうまく表面に吹き出して、いいだしがとれる。

乾燥させたら、規格に合わせて切りそろえる作業にかかる。同じ海岸でもわずかな位置の違いで昆布の育ち具合も味も変わるので、等級がとてもこまかく分かれ、それぞれに規格がきっちり決まっているのである。

昆布で栄えた町・敦賀

昆布の商品価値が高まったのは、商船が松前と本州の日本海側を往き来するようになった中世以降である。流通する数量が少なければ、昆布のうまさを知る人も少ないけれど、いったん出回り始めれば需要はどんどん増えていく。

日本海航路は、江戸初期までは敦賀まで船で行き、それからは陸路や琵琶湖の水運によって京都、大坂へ運ばれた。だが、十七世紀末になると、敦賀からさらに日本海沿岸を進み、下関から瀬戸内海を通って大坂に至る長大な西回り航路が開発された。

そういえば、現代の敦賀には小樽行きのフェリーがある。約二十時間かかるが、北陸、中京、関西と北海道とを往復するトラック便には好都合らしい。まさしく北前船の再現ルートと言えようか。

それにしても、北前船航路が大坂まで延長されたとすると、敦賀で荷下ろしの必要がなくなる。陸路よりも、船のほうが安価に大量に輸送できる。江戸時代といっても現代と同じく輸送費はけっこう大きな金額だったから、敦賀を経由する荷物はすっかり減ってしまったが、昆布は例外だった。加工技術がこの地に根づいていたからだ。昆布を船から下ろし、最終加工までした後で、京都へ運んだのである。若狭街道（鯖街道の代表ルート）や琵琶湖の舟運を利用したから、それなりに輸送費はかかったけれど、加工した昆布は軽くてかさばらず、付加価値がついて価格が上がっていたから、充分に採算がとれたのである。

じっさい、わたしは『食の街道を行く』（平凡社新書）執筆のために鯖街道の取材をしたとき、「昭和三十年代までは若狭から昆布の行商もやってきた」という思い出話を何カ所かで聞いた。昆布が他の食品とともに京都へ運ばれることで、街道沿いに食文化のたねがたくさんこぼれたのである。

敦賀の昆布商人

敦賀には最盛期には百軒近くの昆布屋があったが、現在は三十数軒が営業をつづけているだけだ。昆布商人として気力も行動力も充実しているのは奥井隆さん。明治四年（一八七一）創業の奥井海生堂の四代目主人で、うま味を説き明かす昆布の講座も好評だ。

北前船の昆布ロードは江戸時代のものというイメージがあるけれど、じつは、いちばん盛んに行き来したのは明治時代前半だ。幕藩体制の制約がなくなり、いまだ近代の体制がととのわない、本当の自由経済の時代を迎え、昆布も食文化も思う存分に行き交ったのである。その意味では、奥井海生堂は近現代の昆布流通を十二分に視野に入れてスタートしたわけである。

奥井さんは昭和二十三年（一九四八）生まれ。家業に入ったのは高度経済成長期真っ盛りだったが、一方では消費者の意識が高まり、健康志向、本物志向にシフトし始めていて、昆布だしが注目される時期にさしかかっていた。

「昆布屋ががんばらないと、正統な和食の味が消えてしまうんです。料理人が昆布だしの本当のおいしさを知らなければ、お吸いものをつくることもできない。昆布は日本の宝だと思うんです」

自分の力でできることから始めようと、奥井さんは、利尻昆布に注目した。この昆布でとっただしは澄んでいて、うま味が上品なので、京都の料理人は必ず利尻を使う。この昆布を守りたい……。

「利尻昆布の上物は必ずうちが買いつけます。礼文島の香《か》深浜《ふかはま》産の一等検という幅広の最高品は全部買うことにしています。それを蔵で寝かせて熟成させ、味を深めるんです」

奥井海生堂の昆布は蔵囲《くらがこい》と名づけられている。一年から三年間、蔵で保存するのである。この間に昆布は熟成し、磯臭さが抜け、コクが出て、うま味が強まる。わたしはさっそく蔵を見せてもらったが、空調設備をととのえた鉄骨造りで、ちょうどワインセラーのような構造になっていた。

昆布は熟成させると、いいだしがとれる。表面の白い粉はうま味成分のマンニット。奥井海生堂の奥井隆さん（右）と筆者。蔵の中にて。

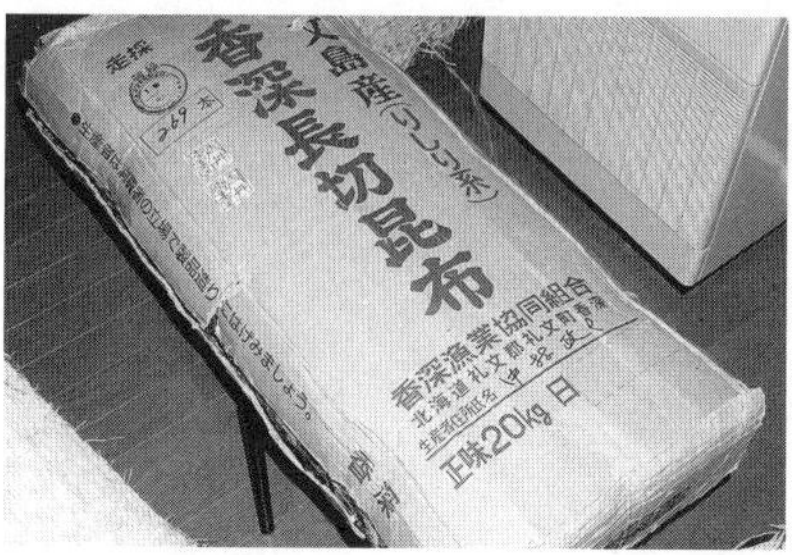

昆布には、真昆布、日高昆布、羅臼昆布、利尻昆布がある。写真は礼文島の香深浜でとれた一等検の利尻昆布の蔵囲もの。（奥井海生堂）

「第二次大戦の敦賀市空襲で土蔵が焼けてしまったので、苦肉の策なんです。土蔵さえあれば空調なんか不要なんですけれどね」

まったく、日本の土蔵はよくできていたのである。年度別と産地別に保存してある昆布を見ていったら、それぞれの箱にむしろがかかっていた。稲わらからつくったむしろをかけるからこそ、湿度がほどよく保てるのだ。ここでもまた米文化のひとつに出会った。

「ワインセラーと言えば、昆布はワインと同じでとれた産地と年度が大切なんです。これに気がついたときはうれしかった。ぼくはワインが大好きですからね。フランスで講演したときも、昆布とワインとの比較が好評でした。……話をもどすと、産地の浜、気象条件で昆布は風味に雲泥の差が出ます。だからとれた年度が重要で、平成でいうと三年、十年、十五年、二十一年がよかった。年々いい昆布が減っているので必死ですよ」

奥井さんの宝物という昆布を見せてもらった。個人的な思い出があるらしい。奥から運び出してくれたのは、「香深長切昆布　香深漁業協同組合」と書いた段ボール箱。一等というスタンプが押してあり、二十キロ入りで、昆布は二百六十九本だとわかる。そして、生産者名がマジックインキで書き込んであった。二十六年前に奥井さん自身が買いつけた昆布である。先年、香深漁協の人たちがこの蔵まで見学に訪れたとき、この昆布を見て、

「この漁師は亡くなりました……でも、あの方がとった昆布がこんなに大事に保存されて

いるとは……」と、涙ぐんだそうだ。

昆布の生産者と、買いつける昆布商人。おたがいに仕事であり、会社という組織と漁協という組織の取引で成り立っているわけだが、実際のところは、個人対個人、食の職人対食の職人の〝いのち〟の手ごたえのやりとりなのだ。

昆布屋のだしのとりかた

さて、奥井さん自身はどんなふうに昆布を味わっているのだろう。

ご自宅にうかがったら、まずは乾杯しましょうという話になった。お酒ではなく、利尻昆布を十時間水につけてとった昆布だしである。グラスが三つ並んだのは、一年蔵囲利尻昆布、二年もの、十年ものの三種類の試飲だからだ。飲み比べると、年数がたったものほど香りが落ち着き、うま味の風合いが軽やかになっているように思えたが、目隠しテストしてもう一度と言われたら、わたしは判別できないだろう。

「それでいいんです。昆布だしはおいしい、どれもおいしいということだけわかればいいんです。昆布のおいしさは千差万別ですから、お好みでかまいません」

奥井さんの言葉にほっとした。

じつは、東京・日本橋では、かつお節の老舗・にんべんがかつお節のだしを飲める「日本橋だし場」という店を開き、大人気になっている。紙コップ入りのだしが一杯百円。みんなおいしそうに飲み干しているのは、ふだんかつお節でだしをとっていないからかもしれない。昆布だしの場合も同じで、きちんと昆布を使っている人は意外に少ないように思われる。そうそう、この「だし場」があるコレド室町という商業ビルには、先年、奥井海生堂日本橋店が開店した。昆布とかつお節の名店同士が日本橋で出会うとは、いよいよ和食世界に春が巡ってきたようである。

昆布だしのコツは時間をかけること

奥井家のだしについては、奥さまの光子さんがおしえてくれた。

「昆布だしをとるのは、時間をかけることが唯一のポイントで、けっしてむずかしいことではありません。どなたにもできます」

と、やわらかに断言なさる。

奥井家の場合は、朝、さっと水洗いした昆布を、水を入れた鍋に放り込んでおくそうだ。そのまま五時間以上ほうっておけば、うま味がゆるゆると溶け出す。当然、水は選んだほうがいい。また、水一リットルで昆布三十グラムが目安。わたしが試してみたら、厚手の利尻昆布の三十グラムとは葉書二枚分強の大きさだった。ただし、それ以上あまり長く水につけておくと、ぬるぬるした成分が出てきてしまう。

夕方になったら、昆布を入れたまま鍋を火にかけ、沸騰させないように六十度で三十分煮出して、昆布を引き上げればでき上がり。すぐに使ってもいいし、冷やして冷蔵庫にストックしておいても便利だ。

利尻昆布は繊維質が固いので水に浸しておくのだが、他の昆布は水に入れたらすぐに火にかけてもかまわない。湯温はやはり六十度で、三十分から一時間煮出せばいい。

「毎日のようにくりかえす仕事ですから、あまり杓子定規に考えるとつづけていかれませんよ。忙しいときはそれなりに手早くお使いください」

と、光子さんは、昆布だしを使いつづけることのほうが大切だと思っている。

「だし殻も使いみちがいろいろあるんですよ」

と、光子さんが運んできてくれたのは即席松前蒸し。だしをとったあとの昆布に酒と醤油をふって帆立貝、甘海老、牡蠣、白子、柚子皮をのせ、電子レンジにかけたもの。黒い昆布に魚介があざやかに映えて美しく、魚介の持ち味と昆布のうま味がみごとに溶け合っていた。

奥井さんは、

「だしをとったら、残りを冷凍しておくんです。煮物のときに入れてもいいし、大きく切ってあれば鍋にかぶせるようにして、煮物のときの落としぶたにする手もある。でも、わたしが好きなのはおでんに入れること。だしを絞りきれるし、だし殻のはずの昆布に他の材料のうま味が吸い込まれている。これがいちばんですよ」

傍らで聞いている光子さんがにこにことうなずいている。昆布は捨てずにすべて食べ尽くす——それさえ守れば、どんな食べかたもありなのだ。

おぼろ、とろろ、白板

昆布にはコンビニ・フードでもよく出会う。おぼろ昆布、とろろ昆布などがおにぎりに使われているのだ。お菓子扱いされる酢昆布にもファンが多い。——敦賀に行くと、それら全部を見ることができる。

以下は以前、敦賀市の橋本昆布店で見た情景。作業場に流れていたきりっとした緊張感はいまだに目に残っている。

作業場には、酢の香りがただよっていた。昆布は酢に浸すとやわらかくなるのである。耳に入ってきたのは、しゃっしゃっと規則正しく響く音。部屋の奥を見ると、相撲の枡席のように四つに仕切られていて、白衣に白足袋の職人が一人ずつ座って昆布を削っていた。

左手に昆布の端をもってぴんと張り、もう片端を右足で押さえて、右手の包丁を下から上へとくりかえしくりかえし動かしている。

職人たちの足元にたまっていくおぼろ昆布を見比べて、ようやく四つの仕切りの意味がわかった。それぞれ削る部分の担当が違うのだ。

昆布は周囲が黒くて芯が白いから、包丁をあてる部分によって四通りに削れる。つまり四種類のおぼろ昆布がとれるのだ。
①黒い表皮をさらう、②黒い部分の残りをむきとる、③芯の白いところだけをむく、④黒い部分を混ぜながら白い部分をむく。一口におぼろ昆布といっても、部分によって風味が異なるのである。また、削り残った昆布を重ねて圧搾し、断面を垂直にして削っていくと、ふわふわもやもやのとろろ昆布になる。
おぼろ昆布は、昆布の表面を削いだものだから、幅広の薄衣のように仕上がる。おにぎりに巻きつけたり、ご飯をくるむのにいい。とろろ昆布は薄衣を細切りにしたようなものだから、口の中でもわもわととろける。

なお、最後に残った芯の部分は、鯖ずしやばってらの上にのっている白板昆布となる。これも風味豊かなうえ、風合いがいい。どこを削っても、どのように削っても、昆布は美味なのである。

和食にはお菓子という甘美な世界もある。

紅屋の求肥昆布は、甘くてやわらかい求肥に昆布の粉末を練り込んだ菓子。昆布の香りがふんわりと立ち上り、新しい甘味の世界を味わえる。

じつは昆布はお菓子にもなるのだ。代表的なのは、敦賀で寛政五年（一七九八）に創業した菓子屋、相生町の紅屋の求肥《ぎゅうひ》昆布である。

求肥とは、もち米粉に砂糖を加えて練った生地。これに真昆布の粉末を練り込み、小さな短冊形に切り分けたものだ。やわらかな口あたりのなかから昆布が香り立ち、敦賀の旅を実感できる。

乾物のだし素材

和食は食材の旬、鮮度を尊ぶ。それぞれの持ち味をおいしく味わうのが目的だから、味つけはできるだけ薄くするのが原則である。それで、だしを大切にする。だしとは、食材を煮出したり、水に浸してうま味成分を引き出した汁をさす言葉だ。

だしのうま味については、わたしたちは化学物質名としてよく心得ている。最初はグルタミン酸。昆布だしから発見された物質だから、日本人の基本味覚と言っていいだろう。万人向けだけに、これを主成分にした化学調味料は日本の隅々まで行き渡っている。

イノシン酸はかつお節。煮干しも同様だ。そして、干ししいたけのグアニル酸。これは生しいたけには含有量が少なく、干すことで飛躍的に増えるうま味成分だ。干ししいたけをもどした汁に溶け込んでいるので、くれぐれも捨てたりしないこと。

だが、だしは、これらのだし素材からだけ出てくるわけではない。野菜、豆、穀類はもちろん、魚介、肉類を水煮すれば、たとえ濃淡の違いはあっても、必ずだしが出てくる。縄文時代に土器で煮炊きしたとき（18ページ参照）も、きっと煮汁のおいしさが話題になったはずである。

和食では、昆布だしとかつお節のだしを合わせるのが標準だ。でも、だしの出る食材――だし源は多ければ多いほど楽しくなる。福井県ではどちらかというと、昆布だしが主流というイメージだが、永平寺の精進料理（222ページ参照）には干ししいたけのだしが欠かせない。いっぽうで、越前おろしそば（199ページ参照）は、かつお節を削った花かつおをたっぷりふりかけるのがお決まりだ。

また、わたしが福井県のあちこちで食べた野菜の煮物、お煮染めには、例外なく昆布が入っていた。なかには、だしをとった昆布を流用したものもあり、なるほど、もったいない精神は和食の発想にかなっていると、ひとりうなずいたものだ。

やはり、福井の食文化は日本の縮図と言えそうだ。

第5章　和食の贅沢をとことん楽しむ

いわしが好きな紫式部

千年前に生まれた『源氏物語』は、世界中に認められたすばらしい文学作品である。人間の心の奥深さと陰影の多いあやは不変であり、現代のわたしたちもまったく同じ悩みをかかえていることを、しみじみ実感させてくれる。

作者の紫式部は、父親が越前国の国司だったため、国府のあった越前市にしばらく住んでいたことがある。越前の風景をながめつつ、人間の業の物語の構想を練ったのだろうか。

また、紫式部はいわしが好物だったという伝説がある。いわしを焼いて食べていたところを夫に見つけられ、「下賤な魚を食べているんだなあ」と笑われたとき、とっさに和歌で返答したそうだ。

日のもとにはやらせ給ふいはし水まいらぬ人はあらじとぞ思ふ

「いわし」と京都の石清水八幡をかけ、「まいらぬ」に食べる意味と参詣する意味をかけた歌である。ちょっとできすぎの話という気もするが、紫式部が本当にいわし好きだったとすれば、海が近い越前市で食べて以来やみつきになったとも考えられる。

『源氏物語』は一面では人間の俗っぽさを描いているから、作者がいわし好きだったらぴったりだと思うのだが、いかがだろう。

和食の原点・本膳料理

本題に入ろう。

人の愛と欲はいつの時代も変わらないけれど、平安時代の暮らしと現代はずいぶん異なる。寝殿造り、十二単《ひとえ》、素材を並べただけのような素朴な料理、どれもあまり親しい感じはしない。

身近な衣食住が出てくるのは、室町時代の武士の生活である。畳を敷きつめ、障子や襖《ふすま》で仕切った書院造りで、着物も現代の和装に近づいてくる。食べものは本膳料理で、食材も調理法も現代につながるものだ。やがて、わび、さび、という美意識も取り入れられ、茶席の懐石料理のように〝食を楽しむ〟習慣も生まれた。

くわしく言うと、本膳料理は武家の儀式のときなどの正式な食事であり、汁物がつきものだった。和食の基本構成は、この時代から始まったのである。

料亭・開花亭で堪能する花柳界の美食

江戸時代のレストラン

　室町時代の後半は戦乱の時代だ。その戦国時代を終わらせた徳川家康は、ある意味、和食の恩人である。世の中が平和でなければ、食を楽しむことなどできないからだ。だから、それまではお金を出しておいしいものを味わう料理屋は存在しなかったが、江戸時代に入るとまもなく料理茶屋と呼ばれるレストランが出現した。寛永二十年（一六四三）には『料理物語』という料理書が出版されているし、十八世紀以降になると『豆腐百珍』『甘藷百珍』『蒟蒻《こんにゃく》百珍』など、ちょいとうがったテーマ別料理書がベストセラーになった。いずれも高級食材ではなく、手の届きやすい食べものを取り上げているのは、それだけ庶民階級の読者が多かった証拠だろう。

　大都市・江戸では元禄年間（一六八八～一七〇四）になると料理茶屋が続々と増えて、幕府の高級役人、地方の富裕層から文人、画家までが料理を楽しむようになった。また、時代が下るにつれて、町人層に余裕が生まれ、それぞれの収入に見合ったごちそうを提供する飲食店が生まれた。

楽しい食と場を提供する料亭

地方都市の場合も流れはよく似ていて、福井藩三十二万石の城下町だった福井市では浜《はま》町《まち》（現中央一丁目）などの花柳界がにぎわった。人間の欲望は世界中どんな国でも、どんな時代でも変わらない。食と色である。

足羽川沿いの浜町は芸者が多く、隣町は遊廓だったので、越前随一の華やかさだった。現代、町の趣《おもむき》はすっかり変わったが、明治二十三年創業の料亭・開花亭が花街の和食文化の華やかであでやかな雰囲気を残している。本館は純和風建築の登録有形文化財で、新館は隈研吾設計のモダンな建物。新旧のセンスが軽やかな竹林によって一体化しているのも、この料亭の楽しみのうちだ。

高級料亭というと、昭和バブル期の飽食・美食や政治家の会合とイメージが結びつきやすいが、じつは、料理のみならず、日本の暮らしの美学をすべてそろえたすばらしい空間なのである。

生きるために栄養をとるのが食の基本ではあるが、食事時間はいちばんくつろげるときでもあるし、一緒に食事をした人とは親近感が増す。料亭はそのための場所で、お腹を満たす食事ではなく、楽しい食と場を提供することに特化している。

では、料亭の料理はどう楽しんだらいいのだろう。開花亭五代目主人・開発《かいほつ》毅さんにうかがった。

「お客さまのお気持ちが第一です。楽しくすごすためにいらっしゃっているのですから、ご自分がお気に入ったように召し上がり、座敷をながめてくだされればいいんです。わたしたちは、料理をお出しするだけ、しつらいをととのえるだけで、後はお客さまご自身に楽しんでいただくんです」

とのことで、わたし流に解釈したところでは、どうやら歌舞伎を見るように料亭空間を楽しむのがコツらしい。わたしは歌舞伎座などの芝居見物が大好きで、おしゃれして出かけられることだけでもうれしいし、劇場の雰囲気にほっとくつろぎ、役者の顔を見るだけでうきうきしてくる。ストーリーはよくわからないところもあるし、台詞が聞き取れなかったり、居眠りすることもあるけれど、幕が降りれば大拍手、大満足。料亭でも、料理名を知らず、食器の風情を見落とし、掛け軸の文字が読めず、活け花に無頓着でもかまわないわけだ。ただ好きなように楽しめばいい。

「そうなんです。それを頭の隅に入れておいていただければ、料理屋をもっともっとお楽しみになれますよ」

福井市浜町の開花亭は、華やかな花柳界の雰囲気をとどめる料亭。季節の趣向をこらした献立は和食の花である。

開発さんが大きく賛同してくれた。

和食は自然のミニチュア

打ち明けると、お客の希望ということで、すでに無理な注文を聞いてもらっているのだ。すき焼きである。わたしは『すき焼き通』（平凡社新書）とか『日本のごちそうすき焼き』（平凡社）を書いているくらいの大好物なので、料亭のすき焼きをぜひとも体験したかったのだ。

「とりあえず、カンパイ」

というお決まりの台詞でスタート。福井はカンパイにぴったりの微発泡の日本酒も充実している。

さて、前菜が登場した。ガラスの大皿に四人分が盛り合わされている。なんと大胆、そしてのびやかな盛りつけなこと。きもの姿の仲居さんが深々と一礼してから、取り分けてくれる。たもとを押さえ、天削ぎの白木箸を使う動作が美しく、見とれてしまう。料亭の楽しみはもう始まっているのだ。

わたしの前に置かれた小皿は京焼である。菖蒲と観世水の絵柄は、五月半ばという季節にちなんだもの。取り分けてくれた前菜は六種。笹巻きのちまきは〝旬〟の味わいだ。小グラスに入った青梅入りの菖蒲酒も季節にぴったり。竹の子の小さなにぎりずしは、過ぎ行く春の〝名残〟の味。酢漬けのみょうがと枝豆はちょっと早めの〝走り〟である。稚鮎の煮びたしは、〝旬〟でもあり〝走り〟でもある微妙な季節感。そして、へしこはご当地自慢の保存食だ。

小皿のなかに海山里と川の幸が盛り合わされ、郷土食もある。過ぎ去る季節、巡り来る季節も見えるし、それぞれの形、彩りがあでやかだ。福井の自然がわたしの前でミニチュアになっている……。

お酒は、黒龍の純米吟醸・純吟三十八号。すっきりして軽やかだ。

床の間には春の海の絵。季節の花。飾り皿。長押《なげし》には書額。障子は桟のデザインが素敵だ。食事を始めるまではよく見えなかった調度類が、すっと目に飛び込んでくる。おいしい料理と一杯の酒のおかげで、心がゆったりと開いてきたのだろう。

そうそう、部屋は純和風だけど、席はテーブルと椅子だ。おかげで、足のしびれの心配がない。現代の料亭のもてなしは融通に富んでいるのである。

次の料理はお造り。地元産のがさ海老、あおりいか、ぶり、そして軽く炙った若狭ふぐ。ちょんもりと盛った刺身類がさらに爽やかに見えるのは、さりげなくあしらったつまやけんの効果である。

昆布だしのすき焼き

いよいよお待ちかねのすき焼きとなった。今日の肉は県産のブランド牛・三ツ星若狭牛のサーロイン。一切れが大きいので四つに折って大皿に盛りつけてある。国産レモンの輪切りを軽くひねって飾ってあるのが、ひねりのきいた遊び心。

テーブルの脇に置いたコンロで、仲居さんがきびきびと手を動かしていく。鍋に青ねぎを敷きつめ、広げた肉をのせ、割り下をそそぐ。肉に八分通り火がとおったら、取り鉢にとって、青ねぎをのせる。これが一枚目の肉で、二枚目の肉には福井ならではの「辛味大根おろし」をのせてくれた。三枚目は三つ葉、ささがきごぼう、白きくらげ、しいたけと一緒に盛りつける。

一口ごとに味わいが変わって楽しい。開発さんは、

「すき焼き屋さんの味にはかないませんから、割り下は昆布だし中心にして思いきり薄味にしました。そして、一口ごとに肉と野菜を一緒に食べていただくようにしました。さっぱり食べられるのが、料理屋のすき焼きらしいかな、と思ったんです」

満腹感と笑いのうちに開花亭を辞し、すぐ近くの和風バーに行った。〝はしご〟が和食の楽しみのうちと言いきれるかどうか自信がないが、少なくともわたしは大好きだ。

さて、「日々」という名のそのバーは、芸者さんの芸の発表の場であり、お客との会話術を磨く場であり、日本酒の知識を披露する場であり、ホステスとして接客テクニックを磨く場になっている。そして、バーのお客はあこがれの芸者さんと親しくお話できる。どちらにもメリットがあるわけだ。客席には中年紳士のほか、大人の女性の姿もちらほら見える。

「お座敷が少ないから、芸者稼業だけではやっていけないんです。だけど、お稽古ごとはきちんとしておかなくちゃならない。それで、店には舞台をつくりました。この店で働くのは、芸者修業のうちなんです」

今村百子ママが、素敵な笑顔で経営方針をおしえてくれた。まもなく、舞台ではにぎやかに三味線と踊りが始まり、わたしもほろ酔い……。

ごちそうは「いのちの洗濯」

贅沢な一夜であった。味もよかったけれど、それ以上に、二軒とも座の雰囲気が楽しかった。翌日も翌々日も思い出しては、微笑んだものだ。おいしい食事、楽しい時間を堪能すると、こんなにも幸せになれるものなのか。

といって、これが毎晩では疲れるし、感動が薄らいでしまうだろう。希少な機会であればこそ贅沢感があり、〝いのちの洗濯〟ができるのだ。

ごちそうは、ときどきだからいい。江戸時代以来、ふた昔前までずっと、ごちそうは年中行事のときに食べるものだった。ただし、神仏に守ってもらうためにも、仲間との親交を深めるためにも大切な場であったから、今よりもずっと数が多かった。たとえば、正月はきちんと七日間あったし、それが終わると小正月……とつづいた。

また、お食い初めや七五三など生まれてから成人までの儀礼食、婚礼、還暦・古稀・喜寿とつづく寿賀《じゅが》、そして葬儀や法要も、みんなで膳を囲み酒を酌《く》み交わすことに意味があった。これらの場合も、宴を豪華に盛り上げるために料亭が使われたり、料亭の仕出し料理を用いたものだ。

ごちそうという点では、旅での食事も楽しみだった。伊勢参り、高野山巡礼など物詣でを目的にすれば周囲の目を気にせずに出かけられたし、泊まる宿では豪華な料理を取りそろえて待っていてくれた。調味料をたっぷり使った調味からしてすでにごちそうだったし、その地の特産のうまいものは、故郷へのみやげ話になるほどおいしかった。非日常世界でのうまいもの体験は、気持ちを華やがせ、くつろがせる最高の娯楽なのである。

美食のきわみ、「越前仕立て汐うに」

殿様の贈答品

ネット検索が盛んな時代になっても、百科事典の信頼度はゆるがない。各ジャンルの専門家が内容も文章も練り上げているので、すべてのレベルが高いのだ。

試しに「うに」の項を調べてみたら、平凡社の『世界大百科事典』には、塩うににについて、「古くから酒のさかなとして喜ばれたもので、江戸時代には肥前、薩摩、越前などの産が良品とされ、なかんずく越前のそれは美味をうたわれた」とあった。

また、『日本大百科全書』（小学館）は「旧国名に『前』のついた地方、越前（福井県）、羽前（山形県）、陸前（宮城県、岩手県）、豊前（福岡県、大分県）などのうにの味は格別に優れている」と説明したうえで、「練りうには、泥うにの水分を少なくして調味料などを加え精製したものである。越前の練りうには味がいい。これは、江戸時代に徳川将軍家に献上用にする優秀な練りうにをつくり出すために、加工法を多年にわたり研究した成果である」と、手放しのほめようである。

森羅万象をすべて生真面目に説明しているはずの百科事典が、こんなに情熱的に越前うにを紹介しているとは知らなかった。

越前うには、どこが違うのだろう。一般に言う塩うには、レア感を売りものにしてふかした状態のままびん詰めにされているが、「越前仕立て汐うに」と称するものは、うにに塩をして水分を抜いて熟成させ、固いペースト状に練り上げるのが特徴だ。

福井市の汐うに専門店「天たつ」十一代目の天野準一さんにきいたら、

「三国の海女さんがとったバフンウニの卵巣を〝うにござ〟といういぐさを編んだ小さなござに並べて、塩をふるんです。そのまま浜風に当てると、水分が抜けてねっとりと熟成してきます。それをよく練り込み、桶に押し込んででき上がり。そのまま食べても充分おいしいんですが、低温で保管して一冬越させて熟成すると、さらに塩馴れして味がのってきます」

越前うにの美味は江戸時代から名高い。海女がとったバフンウニと塩だけで練り上げた越前仕立て汐うには酒肴の最高峰である。

と、こともなげに答えてくれたが、じつは一言一言に奥深い事実が秘められているのだ。

三国の海女さんは、現在は五、六十人が漁をしているだけである。わたしが訪ねた海女さん母娘のお母さんは八十代半ばだったが、八十歳までは一年中潜っていたという元気ぶり。それに、自分の腕一本で、しかも体を張って仕事をしているせいか、母娘ともしゃっきりして言葉も自信にあふれ、表情が生き生きしていた。

海女さんは時季によって海藻や鮑、さざえをとるが、うにの漁期は毎年七月二十日から八月の旧盆までの二十日ほどしかない。しかも、天気と波次第で休漁になるから、うにをとれるのは実質的には二週間足らずである。

バフンウニは文字どおり馬糞のようで、やや扁平な球形をしているが、ごくごく小さい。普通のすしねたにするムラサキウニの卵巣は長さ二〜三センチだが、バフンウニは〇・五センチ、つまり小豆粒ほどしかない。

ウニに塩をして海の風で乾燥する作業は塩蔵法と呼ばれ、この過程で水分が抜けて味が締まっていくから、百個以上のうにを使ってようやく「越前仕立て汐うに」百グラムができるかどうかなのである。

なお、汐うにの始まりは福井藩のお殿様の命令だ。藩の公式の贈答品として、天たつの三代目に開発を命じたのだ。当然、材料費も加工代も度外視して、味を磨き上げたに違いない。封建領主のわがままには違いないけれど、そうだからこそ、極上の贅沢味が生まれたのである。ともあれ現代では、背伸びすればわたしにも入手できる価格なのだから、むしろ天たつ代々の主人に感謝したいくらいだ。……あれあれ、食べもせずにしゃべってばかりいても仕方ない。

汐うにはつまようじで日本酒と

「越前仕立て汐うに」は練り込んだうにだから、ペースト状だ。まして超貴重な珍味なので、原則として小さな桐箱入りである。その昔は、上あごの裏に小豆粒ほどの汐うにをくっつけて、舌先でちょろりとなめながら、お酒を一合飲むとちょうどいいと言われていた。

だが、何を隠そう、わたしはごく幼い頃から、この味を知っているのだ。祖父の膝の上でなめていたのである。福井出身の祖父は日本酒好きの汐うに好きで、毎晩ちびりちびりとやっていた。わたしは祖父のお気に入りだったから、つまようじの先に、ほんのちょっぴり汐うにをすくってもらい、大事に大事に舌先でころがしていたのである。贅沢の意味はわからなかったが、〝ぜいたく〟という言葉だけは知っていたから、幸福感と満足感と優越感に浸りきったものだ。

汐うには一見すると練り味噌のような色合い、固さだが、もちろん風味はうにそのものだ。というより、うにのエッセンスをさらに凝縮した密度の濃いうま味に満ち満ちている。スプーンですくうなんてとんでもない。つまようじの先ですくうのが適量である。舌にのせると芳醇なうにの味わいと、ほどよい塩気が広がる。そのとき、そっと冷酒をなめるのだ。ぐびりとやっては多すぎる。ちょっぴりの汐うにと、ちょっぴりの酒だからこそ、ほうっとため息が出てくるのだ。

天野さんは、炊きたてのご飯に小指の先ほどのせるとおいしいし、それを焼き海苔で巻けば最高とおっしゃるけれど、わたしはあくまで幼児体験にこだわり、つまようじ主義をつらぬくつもりだ。「越前仕立て汐うに」は、心の贅沢だからである。

刺身、すしは、全日本人のごちそう

刺身が大好きな日本人

農水省のホームページで紹介されている「好きな主食ベスト10」という調査では、一位ご飯（白米）、二位にぎりずし、三位炊き込みご飯（混ぜご飯、かやくご飯）、四位ラーメン、五位おにぎり。「好きなおかずベスト10」は、一位刺身、二位焼き肉・鉄板焼き、三位すき焼き、四位餃子、五位焼きとり、となっている。

にぎりずしは生の魚と酢飯を合わせたものだから、二つのデータの上位をつなぐと、日本人は相当な刺身好きと言える。いえ、刺身は世代を問わず別格のごちそうと言いきれる。

たんに生の魚を切り分けただけだから料理とは言えない——という意見もあるが、そんなことはない。これほど手をかけ、これほど繊細に素材の持ち味を生かした料理はない。

まず、刺身は鮮度がよくなくてはならない。魚は時季によって味が異なるし、個体差も大きいから、魚を見きわめる目が必要だ。薄く切るか厚く切るかで歯ごたえもおいしさの度合いも変わる。

和食の魅力は旬の刺身。日本海の幸はとりわけおいしい。ひらまさ、きじはた、甘海老、ばい貝の盛り合わせ。（丸勘）

盛りつけの美しさもおいしさのうちだ。器の選びかたは言うまでもないが、刺身に添えるつまなどの脇役も大切だ。刺身の下に敷くのは「敷きづま」、立てて使うのが「立てづま」で、長いせん切りにした大根や、海藻のオゴ、トサカノリなど。「けん」は大根、みょうが、うどなどを極細のせん切りにして添えるものだし、「芽づま」は赤じその芽（紫芽《むらめ》）や蓼《たで》の芽（赤芽）、青じその芽（青芽）だし、「穂づま」はしその花穂などだ。そして、香辛料のわさび、生姜などは絶対に欠かせない。

肝心なのは醤油だ。素材の持ち味を生かしてくれる調味料だから、いくら気を配っても配りすぎることはない。地元醤油もいいし、ナショナルブランドの醤油も安定感があるけれど、製法やアミノ酸添加の有無でずいぶん味が異なる。ぜひ注意したい。

とにかく、それらすべてを合わせたのが刺身というごちそうなのだ。

福井ですしを味わう

とはいうものの、わたしは食べものは食べてみなくてはわからないと思っている。食べながら説明するならともかく、読者のみなさまも、食べる前にいくら能書きを並べられても食欲に結びつかないのではありませんか。

駆けつけたのは敦賀市のすし屋・丸勘。カウンターに座って、とりあえずの生ビールと、地魚の刺身を注文した。「はいーっ」と威勢のいい返事は、二代目の池田幸巨さん。まもなく出てきたのは四点盛り。ざっくり盛りつけてあるのがすし屋のカウンターで食べる刺身のいいところだ。もっとも、池田さんの仕事は緩急自在で、テーブルの四人客の舟盛り刺身はつまもけんもたっぷり使ってきれいに盛り合わされていた。

ひらまさは、脂ののりがちょうどよかった。この魚は脂が多すぎないほうがいい。白身は、きじはた。関西で喜ばれるハタ科の小型魚で、さっぱり味で歯ごたえがしこしこと心地よい。三番手は甘海老。身はしっかり締まっているのに、とろりと甘い。福井産は大きめが多いとはうれしい。そして、ばい貝。沿岸の砂泥底に棲む巻き貝で、こりっと固くてうま味が濃い。

太い眉を下げてにっこりわらった池田さんに、意地わるく質問した。でも、わさびは福井産じゃないんでしょ？　伊豆か穂高産だろうと思ったのだ。ところが、

「わさびは勝山市の北谷のものです。斎藤さんという方がつくっているんです」

と、池田さんはしてやったりという顔。それは素敵だ。あの奥地のきれいな水で育っただけあって、香りがよく、辛味がよくきいている。

勝山市北谷では鯖のなれずし（66ページ参照）を取材した。小さな集落だから、なれずしの小林さんとわさび農家の斎藤さんは顔見知りに違いない。山の人は海から仕入れた鯖ですしをつくり、海辺のすし屋には山のわさびが欠かせない。そして、わたしはその両方を味わった。海と山、山と海、人と人。人生は食を通じてつながっている。

美しいすし職人の動き

飲みものを若狭の人気酒・早瀬浦の純米酒に切り換え、肴をもう一品。連子鯛の昆布締めだ。これは小鯛のささ漬け（36ページ参照）に用いる鯛だが、本日のものは三十センチを越す大物で、酒で湿らせた昆布で巻いて一晩寝かせたものだ。

池田さんが半身をまな板に置き、柳刃の包丁をすすすっと引く。鯛もきれいだが、手の

動きも美しい。すし屋のカウンターでは、すし職人の優美でいてきびきびした仕事ぶりを見るのが楽しい。きちんとした仕事は、何事によらず姿勢がみごとに決まるのである。一挙一動を見られる仕事は「さらし」と呼ばれ、料理の腕とは別の緊張感があるそうだけど、お客側にとっては目に楽しく、おいしさを盛り上げるパフォーマンスだ。カウンターを隔てての軽い会話もくつろぐ。贅沢な時間である。

昆布締めは軽く入れた切り目がしゃれている。はぐっ。もちもちといい弾力。それでいて、やわらかく、昆布の味をまとっている。わさびのつんとした辛味がすっと鼻に抜けていく。どんどん幸せな気分になる。

刺身は新鮮なほうがおいしいか

昆布締めは熟成のうま味だが、普通に刺身にする場合も、魚は基本的には熟成させたほうがおいしい。冷蔵庫で一晩寝かせておくと、うま味成分が増えるのである。と言って、時間がたちすぎると身がだらけてしまう。

「最近は、新鮮でこりこりした食感が好きというお客さんが増えてきました」

池田さんは長年、魚ごとにいちいち熟成をあんばいしてきた方だが、確かに、新鮮な魚の歯ごたえを好む人も多い。

高級鯖の元祖の関鯖で知られる大分県佐賀関《さがのせき》漁港で聞いたのだが、とれたてのこりこり、熟成したむっちり、どちらがうまいかは、漁師仲間の間でさえよく言い合いになるテーマだという。関鯖は刺身で食べるのがうまいとされているので、彼らは毎日のように食べ比べしているのだ。食べものは、その人の好みでいいし、どちらが正しいというものでもない。おそらく永遠に結論は出ないだろう。でも、食べものの話をしつつ、食い、飲むほどの幸せはないことは確かだ。

そんな話をしていたら、池田さんが締め鯖を切ってくれた。いかにもレアな感じで、身が赤く照り輝いている。酢で締めたというより、酢のなかに通した程度の風合いで、しかも脂がよくのっているから、鯖のうま味が生きている。

鯖の国とも言える福井県中をずっと歩いてきたのに、締め鯖は初めてだったし、こんなうまい鯖も初めてだった。

和食がもっとおいしくなる日本酒

大野盆地の地下はダムのようになっていて、多くの湧水が湧き出している。御清水（おしょうず）はかつて大野城の生活用水として利用された湧水で、400年の歴史をもつ。

日本酒づくりは水が決め手

和食の基本は一汁三菜。食卓には、飯碗、汁椀、おかずの皿や小鉢で食器は合計五つ並ぶわけだが、そこに酒杯がひとつ加わると、卓上がぐっと華やぐし、気持ちが晴れやかになる。だから、わたしは毎晩、たとえちょっぴりでも必ずお酒をいただくことにしている。

お酒は料理の味つけ役もはたすけれど、そのまま飲むほうが百倍は楽しい。各地域に必ず酒蔵があるのは、やはり水ゆえである。地元の水で仕込んでこそうまく醸せるからだ。

越前大野こと大野市をおとずれたときも、あらためて和食とお酒の相性を確認した。

「花垣」の南部酒造場でのことである。

「うちの純米酒は、里芋の煮っころがしといちばん合うんです」

と、うれしそうに語ってくれたのは九代目社長・南部隆保さん。大野市は日本のなかでも水の質と量がとりわけすばらしい地域で、ちょうど水瓶の上に町が広がっている構造とか。白山などの峰々の雪解け水が流れ込み蓄えられているのである。

ここでとれた上庄《かみしょう》里芋（209ページ参照）はねっとりむっちりとうまい。市内の五軒の醬油蔵は地元の地下水で醬油を仕込んでいるから、煮っころがしの醬油味は地元の水の味になる。もちろん、「花垣」も同じ水源で仕込んでいるし、原料の酒米の五百万石からして大野産だ。

「軟水のなかでもとくにやわらかい水だから、酒の場合は米のうま味が生きてくるし、食べものは何でもおいしくなるんですよ」

市内には酒蔵が四軒もある。越前大野は、お酒も食も水の幸でまあるくまとまっているのである。

なお、大野市は豪雪地帯で冬はすっぽり雪に埋もれるため、ちょうど酒の仕込みどきに温度が一定になって味がよくなるとのことだ。翌春、その雪が解けた水が水源となり、けっきょくすべての食を支えるから、人々の暮らしがなめらかに回っていくのである。

変化する日本酒づくり

ところで、日本酒は専門職人の杜氏がつくるものというのが長年の常識だったが、近年は蔵元の社員が杜氏になっていることが多いようだ。杜氏はもともと農閑期の出稼ぎ技術者だが、高齢化が進んで後継者も減ったことと、蔵元がきめのこまかい味づくりをめざしたことが理由である。

南部酒造場の場合は、能登杜氏の下で修業した自社社員が酒づくりを担当している。何種類もの酒をつくっているから、そのほうが合理的なのは確かだし、日本酒文化の変化にともなって、職人の仕事の構造ひいては日本の社会も組み変わっていくのである。

とは言え、福井県は個性ゆたかな文化が隣接しているのが常だ。大野市のすぐ北の勝山市の一本義久保本店では、「一本義」は南部杜氏が仕込むのが伝統である。これは岩手県南部地方の杜氏のことで、三百五十年の歴史があり、今も三百人近い杜氏が全国で酒を醸している。「一本義」の場合は、奥越前産の五百万石、山田錦、越の雫といった酒米と南部杜氏の出会いによって、切れ味のいい辛口酒に仕上がっているのだ。

つくり手の息づかいが感じられる酒

さて、嶺北地方に比べると、若狭は山の形が丸くてやさしいので、そこから湧く水もやはり穏やかだ。美浜町の三宅彦右衛門酒造の銘酒「早瀬浦」も、そんな雰囲気を身につけた酒で、すっきりしながらもきりりと男性的な味わいがある。

蔵は三方五湖のひとつ、久々子湖に近い早瀬漁港の集落にある。こんなに海に近くて仕込み水は大丈夫だろうかと心配になる立地だが、すぐ背後の山から清水が湧いていて、澤の井という名の井戸がある。井戸と言っても、蔵の屋内にあって、板蓋をずらすと、ほんの数メートル下に水面が静まっているのがよく見えた。

「この井戸のおかげで、二百九十五年も酒蔵をつづけてこられたんです」

と、井戸に向かって黙礼するのは、いずれ十二代目を継ぐ三宅範彦専務。東京農大の醸造学科を卒業し、醸造責任者として、一年のうち九カ月は酒を仕込んでいる。社内杜氏なのだ。

「規模が小さいところを生かして、四季折々に合ったテイストのお酒をつくっているんです」

たしかに、座敷から見はるかすと、奥の暗がりに桶が並んでいるのがわかる。いっぽう、春夏に仕込むときは、全館にきっちり冷房が入った仕込み棟を用いる。北陸の夏は意外に蒸し暑いけど、この中はいつでも真冬の気温なのだ。昭和十七年（一九四二）製のタンクにそっと手をふれたら、凍えそうなほど冷たかった。でも、まもなく飲み頃を迎えるのかと思うと、愛しさが増す。

「夏酒はとくに飲み口を軽くしていますけれど、うちは基本的に漁師さんが飲むための酒でして、たくさん飲んでも、翌日に残らないんです」

美浜町の三宅彦右衛門酒造の「早瀬浦」の仕込み水は、屋内の井戸・澤の井。数メートル下には水面が静まっている。

漁師向きだけに、肴には魚介類が合う。おすすめは、へしこ。「早瀬浦」の大吟醸の酒かすに漬けておき、そのままでもよし、軽く炙ってもおつだ。

酒蔵を探訪すると、酒をよりおいしく味わえる。蔵を見学し、話を聞くうちに、体が蔵の空気になじむからだ。後になって、その銘柄に出会ったとき、ふいっと空気がよみがえってきて、酒の味わいがひとときわまさる。

三宅さんは、醸造責任者として、

「飲んだときに酒蔵やつくり手の息づかいが思い浮かぶような酒にしたい」

と語る。わたしのように、好きだけどあまり量を飲めない酒好きは、あらかじめ蔵を訪ねてイメージトレーニングしておくと、じっさいに飲んだときに味が何倍にもふくらむと思う。

酒好きの幸せ・利き酒

福井県には酒造組合に加盟する蔵元が三十五もあり、それぞれ好みの水のあるところに割拠している。すり鉢のような地形で周囲の水が流れ込んでくる大野市は別格として、勝山市、永平寺町から福井市に至る九頭竜川水系、福井市の足羽川水系、南越前町、越前市、鯖江市を流れて九頭竜川に合流する日野川水系に計三十二の蔵、若狭地方には四軒の蔵がある。

そんな地酒県だけに、あわら温泉では旅館の女将十三人が唎酒師《ききざけし》の資格をとり、福井の地酒をもっと楽しむ提案をすすめている。

あわら温泉の「べにや」の若女将・奥村智代さんは、

「福井の蔵元は個性ゆたかで、淡麗・濃醇・辛口・甘口だけでは表現しきれないおいしさになっていると思います。でも、どのお酒もやさしくてやわらかいんです」

と、ゆったり語り、そこに利き酒の魅力があるのですと微笑んだ。

たしかに蔵元の味も姿勢もさまざまで、「黒龍」の黒龍酒造、「梵」の加藤吉平商店など積極的に海外に進出しているところもあるし、坂井市の久保田酒造や福井市の安本酒造のように地元に根を下ろしている蔵もある。

ちなみに、べにやの八月の「今月の利き酒セット」は、梵・ときしらず、白岳仙・純米吟醸、早瀬浦・極辛で、焼きへしこのうま味や塩気と相性よしを選んでいた。

この利き酒という趣向は、ぜひ日常にも取り入れたい。二種類の酒を小グラスに一杯ずつだったら始めやすいだろう。交互に酒を含めば、個性がよくわかるとともに、どの肴にはどの酒が合うかも見えて楽しい。また、お酒は食べものをおいしくいただくためのもの――とわりきったくらいのほうが、酒が多くなりすぎることもなく、酒食ともに楽しめると思う。

べにやの若女将の言葉を補足すると、淡麗・濃醇とは含まれる酸の量の違いで、辛口・甘口は糖分の違いである。また、日本酒は香りを味わう飲みものでもある。飲む前に誘ってくる「上立ち香」、口に運んだときの「含み香」、飲んだ後の「残り香」、どれもたまらない。

ともあれ、お酒に対しては、好奇心を発揮して各種飲み比べたほうが楽しい。自分勝手に評価し、自分なりの言葉で表現するのもおいしさのうちだ。食を通じてのコミュニケーションは成果が大きいといわれるが、そのときの話の内容は他愛ないものでかまわないし、むしろ、そういう素の顔をおたがいに見せ合うことが、人の社会ではとても大切だと思う。

ますます健康に、薬用酒を楽しむ

上戸の方は日本酒にばかり目が行って、薬用酒はご存じないかもしれない。でも、健康によく、歴史好きなら興味しんしんという名酒がある。

その名も蘭麝酒《らんじゃしゅ》。奈良東大寺に伝わる名香・蘭奢侍《らんじゃたい》にちなんだ命名で、越前一乗谷の大名・朝倉家の健康酒として四百年以上も一子相伝で継承されてきたものだ。十数種の生薬を配合してあり、効能書きには「老若男女を問わず、これを服して心を開き、邪気を除いて魂魄を定め、驚悸を止めて智を益し、これを久しく服して、軽身不老、延年神仙、明日耐老、まさに飛行千里の爽快」と謳っている。

製造元の青木蘭麝堂に行ったら、明治時代につくっていた古いガラスのポケット瓶が展示してあり、北前船で北海道へ運んで販売していたという説明だった。戦国時代以来の薬用酒が北海道開拓民の健康を支えたとはすばらしい。そして、時が去り、人が去ったあと、この霊酒だけが残ったのである。

一口いただいたら、薬草の香気とともに、まろやかな酒精がしみ入ってきた。酒の贅沢は、舌でなく、心で味わうところにある。

第6章　現地で食べると、郷土料理はもっとうまい

融通無碍の和食食材「あぶらあげ」

福井の厚揚げ消費量は日本一

二十世紀最大の美食家・北大路魯山人いわく、かんたんにつくれてうまいのは「雪虎」である、と。魯山人は和食の贅沢を楽しんだ巨人だが、高価な料理だけがおいしいなどとは、まったく考えていなかった。

雪虎《ゆきとら》――これはなんのことはない、揚げ豆腐を焼き、大根おろしで食べるのである。その焼かれた揚げ豆腐に白い大根おろしのかけられた風情を「雪虎」と言ったまでのことである。もし大根おろしの代りに、季節が冬でもあって、それがねぎである場合には、これを称して「竹虎」と言う――（『魯山人味道』中公文庫）

揚げ豆腐とは、厚揚げ、生揚げのことだ。

魯山人は、自ら包丁をとって料理するのも得意だった。自分がつくった料理を自分好みの器に盛りたいために陶芸家になったくらいで、食べることが何より好きだった。だから、右の文章につづけて、雪虎のつくりかたまでていねいに説明している。厚揚げを焼き網にかけて、だんだら模様の焦げ色がつくくらいに焼いて適当な大きさに切り、大根おろしをたっぷり添えて、醬油をかけ回すのだ。

それにしても、雪虎とはよくぞ名づけたものだ。料理とは、舌だけで感じるものではなく、「おいしそう」と察知する心が味わいにつながる。この場合は厚揚げが焦げた風情を虎に見立て、大根おろしの雪の中を歩む姿に展開しているわけで、みごとにイメージが湧き上がってくる。

豆腐と豆腐加工品は全国的に人気度が高いが、なかでも福井市の消費は全国第一位。厚揚げ、油揚げ、がんもどきの合計で、年間五千九百七十五円も使う。全国平均が三千百八十円だから、ずば抜けている。

特徴的なのは厚揚げの人気ぶりで、野菜の煮物には必ず入れるし、味噌汁の実にもする。すき焼きのときに、焼き豆腐ではなく厚揚げを使っているのを目撃したこともある。

なお、福井方言では厚揚げではなく「あぶらあげ」と言う。そして、普通の油揚げは「うすあげ」と呼ばれ、まるで「あぶらあげ」の子分のように扱われている。

あぶらあげを焼いて食べる

いかにも雪虎に向きそうなのは、坂井市の谷口屋のあぶらあげだ。厚さ二センチほどで、網で焼いたときに中の豆腐が温まるのと、焦げ目がつくタイミングがそろう。

「お客さまの八割は、焼いて食べてらっしゃるんです」

と、三代目の谷口誠さん。福井県のみならず近年は各地で人気を集め、年間百万枚が売れるそうだ。谷口屋は坂井市の丸岡町上竹田の山里にあるが、イートインスペースを併設しているので、揚げたてを食べにくる客も多い。わたしもごちそうになろう。

表面はこんがり素敵なきつね色。かりっ。香ばしい。菜種油のうま味がじわりと広がる。でも、油っぽさは大根おろしがいったん吸い取って、これもうま味に変えてくれる。植物性の食材だけでこれほどに濃い風味が生まれるとは……。

あらためて、あぶらあげの断面を見たら、気泡がたくさんあった。

油揚げ研究家として知られる福井県農業試験場の企画・指導部主任・田中ゆかりさんによると、この気泡の多さが福井県のあぶらあげの特徴だという。

「気泡をふくらませるために、福井のあぶらあげは二度揚げにこだわっています。初めは百二十度の油で揚げ用の豆腐を時間をかけて充分にふくらませ、そのあと百八十度で揚げて形を定着させるのが標準です。東京の場合は気泡を入れず高温で一回だけ揚げるので、あまりふくらみがありません」

恐れ入りました。とは言え、同じ福井県内でも地域ごとに大きさや厚さが異なり、「平均すると福井市は十センチ角で三・二センチ厚、今立地域は九センチ角で四・二センチ厚。丸岡地域は十二・五センチ角と大きいけれど厚さは二・六センチと県内では比較的薄めです」

これからは、福井のあぶらあげをよく観察しよう。

煮物がいちばんのあぶらあげ

いっぽう、煮物用のあぶらあげに情熱を傾けているのは、ウスヤ食品の五代目、臼屋祐樹夫さんだ。

「うちのは厚いんや。そのほうが煮たときによく味が染みるからね」

力士かと見まがう大柄な体に大きな笑顔を浮かべ、太い腕を伸ばして大鉢をすすめてくれた。

「うちでふだん食べている煮物です。あぶらあげは食べてみなくちゃ味がわからんからね」

福井県のあぶらあげ（厚揚げ）消費量は日本一。じっくり二度揚げするのでよくふくらみ、味も香りもいい。（ウスヤ食品）

鉢のなかは、あぶらあげ、里芋、にんじん、大根、しいたけ、こんにゃく、結び昆布。あぶらあげの存在感が他を圧している。縦横各十センチ、厚さ五センチ。重さ三百グラムのあぶらあげをざっくり四つに切ってあるのだ。

野菜類は煮汁をたっぷり吸って、醬油の染みた色合いだが、あぶらあげの豆腐部分はほのかに白さを残している。豆腐の肌理《きめ》がこまかいのが印象的だ。

味は――醬油がよくきいている。この県の味つけの例にもれず、少々甘めだ。野菜それぞれの持ち味のほかに、揚げたときの菜種白絞油の風味が溶け込んで、重厚なコクと香りになっている。なお、正確に言うと、揚げた直後のあぶらあげは厚さ五センチで、それが冷えて店頭に並ぶときには四センチ弱になる。

そして、煮物にしたときにはまた五センチにもどる。つまり、一センチ分は野菜などのうま味を吸い込んだ分ということになる。

臼屋さんは越前町で生まれ育った。

「母が雑貨屋をやっていたんですが、それだけじゃ食えないんで、豆腐を売っていた。近所の農家から大豆を仕入れて豆腐をつくり、台所の大鍋であぶらあげを揚げて売り歩いたんです。ぼくはそれを真似しただけだから、今も国産の大豆を使っている。アメリカの大豆のことはよくわかりません」

豆腐用も加工品用も大豆はすべて国産で、たんぱく質豊富なエンレイ種が中心。工場の入り口には、使い古した石臼が山積みになっていたけれど、どれだけの大豆を挽いたら、こんなに石臼を消耗するのだろう。

「とにかく、煮物にはあぶらあげなんです」

臼屋さんは、おおらかにうなずく。ふるさとの味を守るのが自分の仕事――顔にそう書いてあった。

いつでもどこでも「あぶらあげ」

豆腐とあぶらあげ一族は、福井県では日常おかずだ。女性が働くのが当たり前の土地柄だから、時間のかからない手軽なおそうざい材料として重宝されているのである。

西鯖江駅前で障害者をスタッフに採用している地産地消レストラン「こころ」では、ランチの味噌汁があぶらあげだったし、副菜のあぶ玉という料理は、「うすあげ」を開いて卵を落とし入れて煮たボリュームたっぷりのものだった。なお、その日の主菜はいわしの筒煮、三菜目にあたる副菜はしいたけのフライ、さらに茶碗蒸しもついていた。そしてご飯は白米と玄米のハーフアンドハーフで、香のものは大根の塩漬け。和食の標準よりもちょっと豪華な一汁四菜というわけで、それでいてヘルシーな料理ばかりだった。

また、越前町の漁家民宿・けいしんでは、あぶらあげと竹の子とわかめの煮物に舌がわくわくした。近所の豆腐屋のあぶらあげで、小鉢ものだったが、女将さんの実力発揮といった趣で、薄味がいい具合に染みていた。

どのあぶらあげ料理もあたたかい印象で、福井の食の原風景がほの見えた。

シンプルがおいしい「越前おろしそば」

侃々諤々のおろしそば論争

そばは種をまくと七十五日で収穫できると言われ、痩せた土地でも育つため、救荒作物として重宝されてきた。ところが、現代のそばは粋な食べものになっている。マニアックなそば屋がたくさんできて、味を競っているし、そば打ちを趣味にする人も激増中だ。昼にしても夕方にしても、軽く飲んで、ささっとそばをたぐるのが平成の美学である。

だが、おろしそばだけは福井県以外ではなかなか見かけない。かなりのそば好きでも食べたことのない方もいるのではないだろうか。

越前おろしそばは、もりそばのように、そばつゆにつけて食べることはない。ゆでたそばの上に大根おろしと花がつお、刻みねぎをたっぷりのせて薬味にし、つゆを上からかけまわし、ささっと混ぜてつるつるといくのだ。大根の辛味がいいアクセントになって、じつにおいしい。こういう食べかたは江戸風に言うと「ぶっかけそば」ということになるが、本場の福井県ではさらに流儀がこまかく分かれている。

まず、そばをお皿に盛る。これだけはお決まりだが、そのあとが問題だ。

①は、そばの上に大根おろし・かつお節・刻みねぎをのせて、その上からつゆをかける。

②は、そばの上にかつお節・刻みねぎをのせる。そのいっぽうで、つゆに大根おろしを

越前市の萩乃茶屋のおろしそばは、打ち立てそばに花がつおをのせ、大根おろし、ねぎを上にのせてつゆをかけ回す。

永平寺町のけんぞう蕎麦のおろしそばは、つゆに大根おろしを混ぜ入れる流儀。大根三種が混じり合い、みごとな辛口風味になる。

混ぜておき、そばの上にかけまわす。
③は、②のバリエーションで、大根おろしをさらに搾って汁だけをつゆに入れる方法だ。
まあ、素材そのものは同じだし、混ぜてしまえば、そう大きく味は変わらないと思うのは他県の人間だけで、福井県人はどれが正統かずっと大論争をつづけてきた。今だって、いちど議論を始めたら止まらない。

いっぽう、越前おろしそばという名称が生まれたのは意外に新しく、昭和二十二年（一九四七）のこと。昭和天皇が福井に行幸され、おろしそばを二杯召し上がった。その後、皇居にもどられてから「あの越前のそば……」と、懐しまれたという逸話に由来する。

昭和天皇は戦後の昭和二十一年（一九四六）から八年あまりかけて全国を行幸されている。行幸の先々で、戦争で疲弊した人々にくまなく言葉をかけて励ましてくださったものだが、そばについても、おいしさに感嘆なさったと同時に、福井県民の気持ちにお心を配ってくださったのかもしれない。

そば粉のおいしさは随一

「越前のそば粉は、日本一おいしいと思います」

福井市の橋詰製粉所会長である橋詰傳三さんは、自信たっぷりだ。じっさい、作付面積は全国四位（平成二十五年）であるし、とくに「大野在来」と呼ばれるそばは小粒だけど粒《りゅう》張りがいい。つまり一粒ずつがよく太っている。また、甘味があって粘りが強い。

「盆地で一日の寒暖差が大きいで、昼間のあいだに光合成でつくった栄養を、夜はそのままそっくり蓄えることができるんです。ほやで、そばの質がいい」

そのうえ、そば畑が増えて生産量が伸び、広範囲に出荷できるようになったため、大野在来のおいしさが知れわたったし、県産そば全体の評価も上がった。

皮肉なことに、その功労者は減反政策である。稲の代わりにそばがつくられるようになり、安価な中国産に対抗して品質の向上につとめたため、おいしいそばができるようになったのだ。

これは日本全国について言えることで、さらに、近年のそばブームは、そばのおいしさに目覚め、酒好きでもある中高年に支えられているのではないかと、わたしはひそかに思っている。

ただし、福井県のとくに嶺北地方の場合は、老若男女全員がそば好きだ。それも、おろしそばへの偏愛がいちじるしい。

個性豊かなおろしそば

越前市武生の萩乃茶屋主人の塩田弦夫さんのおろしそばは、味つけをお客の裁量にまかせるという流派だ。越前焼のどんぶりに手打ちそばを盛り、花がつおを散らしてある。小皿には大根おろしと刻みねぎ。これは薬味だ。そしてそば猪口にはつゆ。

さて、どう配分したものか。薬味、つゆを半分ずつかけてみた。そばにコシがあるのでつるつるとはいかず、嚙みしめるようにしたら、すべて味わえて具合がよかった。そして、きわだっていたのはそばのうま味と香りだ。

でも、何だかもの足りない。そこで、残りのつゆも薬味も全部かけてひと混ぜふた混ぜして、ひとすすり……。これで味が決まった。なお、こまかく言うと、塩田さんは、そば粉は県産百パーセント、大根は青首大根を皮ごとおろす主義である。

どうやら、おろしそばのうまさは、すべてが一体化するところにあるようだが……。

かたや、永平寺町の「けんぞう蕎麦」。髙柳謙造さんは全日本素人そば打ち名人大会で二度の優秀賞をとったのをきっかけにのめり込み、開店十五年になる。

おろしそばは人気の「五合蕎麦」を頼んだら、三人前ほどがどんとざるにのって登場。十割そばで、福井と北海道のそば粉をブレンドしている。大鉢入りのつゆは地元の蔵出し醬油をベースに、青首大根、辛味大根、秋田のしぼり大根のおろしを合わせたもの。薬味は刻みねぎと花がつおだ。

小皿に取り分け、すべてをさっと混ぜて、ずずずっ、ずずっ。そばはコシがほどよく、つゆは大根の辛味とほの苦さがいい。この二つが合わさると、なぜか三倍おいしい。

どうやら、おろしそばのうまさは、個性と工夫にあるようだが……。

次は……次は……と、わたしは福井に取材に行くたびに、各地のおろしそばを食べつづけたが、ひとつとして同じ味はなかったし、ひとつとしておいしくないものもなかった。個性的、もっと個性的、さらに個性的とでも区分けするしかない。最後に再び橋詰さんにお会いしたら、

「そういう結論でよろしいんじゃないやろか。県民にとっても永遠のテーマやでねえ」

と、共感してくれた。

「業界でも、越前おろしそばと名のる以上、ある程度はつくりかたを統一したいと、みんなで何度も相談したし、その議題だけで何年も時間をかけたんです。ほやけど、けっきょく、何もまとまらんかったんです」

と、すっぱりあきらめたという笑顔である。そば屋さんは一国一城の主だから、自分の考えがいちばんだし、自分だけが正義なのだ。ま、それならそれで、わたしとしては、これからもいろんなおろしそばを楽しめることになる。

一乗谷のおもてなし伝承料理「朝倉膳」

朝倉氏の祝宴料理を再現

戦国時代の歴史が好きな方なら、一乗谷はぜひ訪れてみたいところだ。長さ三キロの谷間に広がる一乗谷朝倉氏遺跡内にある朝倉氏の居館跡で、五代当主・義景が室町幕府最後の十五代将軍・足利義昭をここ一乗谷に迎えた日は、栄光の頂点だった。

幸いにも、その日の祝宴料理の一部を味わえるところがある。一乗谷の一角にある「一乗ふるさと交流館」である。和食の原点と言われる本膳料理を模した献立で、料理人は地元の女性たち六名。一乗ふるさと料理クラブの面々である。

約四百五十年前の宴席を想い、名は「朝倉膳」とつけた。献立は一の膳十品、弐の膳五品で構成される。

まずは、再現料理のあえませ。めかぶ、するめ、山芋を煎り酒であえた小鉢もの。煎り酒とは純米酒、梅干し、かつお節を合わせて煮詰めた調味料で、醤油に匹敵するうまさとされ、白身魚の刺身にもよく合う。

戦国大名・朝倉氏の居館のあった一乗谷の新名物は朝倉膳。足利義昭をもてなした祝宴にちなんだ本格郷土料理コース。

一乗ふるさと料理クラブの方々と筆者。みなさん郷土料理自慢で、お客に喜んでもらえるのが何よりうれしいという。地域おこしに加わってから若返ったそうだ。

黒豆ご飯は、ごちそうご飯だ。黒豆、うるち米、もち米、梅干しをおこわ風に仕立ててある。米を食べることが贅沢だった時代の料理の姿をとどめている。

呉汁は大豆ポタージュといった感じの汁物。生の大豆をふやかして、すり鉢であたり、味噌汁に加えて熱する。大豆の味わいがずっしりと味わえる古典料理だ。

ぜんまいの白あえ。雪深い一乗谷では、山菜は春を告げるうれしい食材だ。

にしんの炊き合わせは、谷間に群生する水ぶきと身欠きにしんを煮たもの。昔は身欠きにしんはたいへんなごちそうだったはずである。

そして、弐の膳は、おろしそば、天ぷら、漬けもの、わらび餅。

どれも自然な味つけで、地元でふだん食べているものを温故知新でよみがえらせた料理ばかりだから、素朴といえば素朴に違いないが、わざわざ予約してでも食べに行くだけの奥深さもあると思う。遺跡めぐりの後に、歴史のある和食をいただけば、旅の楽しみが倍増するのは間違いない。

忘れられない「麩」の辛子あえ

一品だけ説明しそびれていた。麩の辛子あえ。越前の郷土料理のベスト３に入るから、朝倉膳でも登場している。つくりかたは意外に簡単で、越前角麩という四角い焼き麩を水でもどし、きゅうりの塩もみ、練り辛子、味噌、砂糖、酢であえるだけ。

ただし、こだわりがある。福井市の老舗《しにせ》「麩市」の地がらしを使うのが決まりなのだ。

「辛味がとてもよくきくんです。でも、辛いだけではなく、その奥に甘味があるし、微妙なおいしさがあるのよね」

と、一乗ふるさと料理クラブの女性たちは口をそろえてお国自慢。この味については、当地以外でも耳にたこができるほど聞いた。「和辛子は麩市に限る」と。

そこで、福井市の足羽山の登り口にある麩市へ急行した。この店とは十数年のおつき合いだが、今回こそは辛子の畑のことを何としても聞き出そうと思ったのだ。

だが、五代目主人・坂本健治さんいわく、

「辛子は在来種を地元の農家に契約栽培してもらっています。辛子は辛味が大切なんですが、ややもすると苦いものしかとれない。いいものがとれるかどうかは畑の土壌次第なんです。ですから、良品が育つ土を見つけるのが肝心かなめで、すみません、だから、場所は秘密なんです」

「さやから種子だけ取り出したら、うちの屋上で天日干し。丸ごと挽いて粉にしないと、味にふくらみがつきません。それで、黄色に茶色が混じっているのがうちの辛子の特徴」

と、一徹な姿勢で、やんわりことわられてしまった。

日本の辛子の自給率はお話にならないくらいに低い。栽培自体はむずかしくないが加工が手間で、その割合に安価だから、誰だってつくらない。そのうえチューブ入りに席巻されているし、粉を熱湯で溶き、器ごと逆さまにして約六十分置いて辛味を引き出すスローぶりも敬遠されたのだ。わたしの知る限りでは、例外は福井県だけである。

「上庄里芋」はもちもちねっとり

煮っころがしを食べずに大野は語れない

上庄里芋と呼ばれているのは、大野在来という品種で、どこへ行っても評判がいいし、誰が食べてもうなずく味だ。わたしもその一人で、大野市内のそば処・梅林や、魚屋兼仕出し料理屋・大亀屋で食べた煮っころがしにはうなってしまった。ねっとりとまつわりつく歯ごたえと、むちっとした味わい、甘味は、里芋であって里芋でないおいしさだ。地酒の南部さん（182ページ参照）が「うちの酒にぴったり」と言った言葉を思い出す。

十月、大野市上庄の里芋農家・門前花子さんは収穫に大忙しだった。秋晴れの日にとっ

おどろくほどむっちりした食感が大野市の上庄里芋の特徴。本場で煮っころがしを食べた人は必ずファンになるという。

た芋はとりわけうまい。そんな日に掘らなくちゃ、ばちがあたる。

「小さいのは煮っころがし。大きいのは田楽か、のっぺいさん」

のっぺい汁のことだ。花子さん流は、里芋、ささがきごぼう、にんじん、糸こんにゃく、あぶらあげを入れ、醤油などで調味する。とくにだしは使わない。野菜から出るだしだけで十二分においしくなるからだ。それに、一晩たってからのほうが味がしみていい。

里芋の料理にはひとつだけコツがある。

「皮をむいては駄目よ。これで皮をこそげるのよ。皮と身の間がおいしいんですからね」

見せてくれたのは、野菜などを入れるビニール製のネット袋。ほどよくざらざらで、使いやすいのだ。はい。なるほどねえ。手にもった里芋を思わずにぎりしめたら、お日さまのあたたかさが残っていた。

小粒に価値あり「三年子 花らっきょ」

砂地から生まれる小さな宝石

らっきょうは古くはオオニラ、サトニラと呼ばれ、薬用として利用された。成分中のアリシンがビタミンB_1の働きを活発にし、血液もさらさらになるといわれるなど、健康効果が期待できるのだ。

らっきょうといえば「鳥取砂丘らっきょう」の名が知られているが、福井県の三国に近い三里浜も名産地だ。地名どおり、もとは長さ三里、幅半里の大砂丘だったそうだが、明治の初め、砂止めのためにらっきょうを植えたところ、じつにおいしくできて、評判になったのである。

ここの「三年子 花らっきょ」は足かけ三年かけてわざわざ小さく育てるのが特徴だ。鳥取が翌年に収穫するところを、もう一年畑において、次の晩春にとり入れるのである。

「三年子 花らっきょ」は、三年間育てて分蘖させるので、小粒だがやわらかい。一粒ずつ包丁の刃で根を切り取る。

種球はその間に成長するとともに分蘖《ぶんけつ》し、わたしが見たときは、二年ものには四十から五十ものごく小粒のらっきょうがびっしりついていた。巻きもしっかりしている。らっきょうは小粒になるにつれて皮が薄く、繊維が緻密になるので、歯切れがしゃきしゃきしてくるし、しなやかになる。

粒が小さいぶんだけ、収穫後の処理もたいへんなのだが、手でひとつひとつ根を切っている〝切り子さん〟と呼ばれる練達の女性たちは、包丁の刃を手前に向けてすえつけ、手を動かしつづけていた。

なお、三里浜特産農業協同組合が手がける甘酢漬けは、充分に乳酸発酵させてから砂糖と醸造酢に漬けたもの。生産効率のわるい三年ものにこだわるだけあって、調味もおろそかにはしていないのである。

　そこで、ぽりっとかじると、甘酸っぱさがとてもマイルド。かりっとしてはいるのだけれど、弾力もあって、心地よい。と思っているうちに飲み込んでしまい、あれあれと次に手を伸ばす。けっきょく二十粒ほどいただいてしまった。

越前うにを彷彿させる「山うに」

うにそっくりの山育ちのペースト

　越前うに、長崎のからすみ、尾張のこのわたは江戸時代の三大珍味だった。将軍家に献上された名品であることに加え、生産量がわずかで値段が立派なところが、食いしん坊の欲望を刺激したのだろう。もちろん、越前うに（170ページ参照）は現代も健在どころか、ますます評判が高まるいっぽうである。

　それだけに、眼鏡フレーム産地として世界に知られる鯖江市で、美しい山うにを見つけたときは胸がおどった。ただし、海のうにではない。完熟黄柚子、赤唐辛子、塩をよくすり混ぜたペーストである。九州の柚子胡椒によく似ているが、色あざやかで辛味も塩気もぐっとおだやか。柚子の割合が多いのだ。ねっとり感がほどよく、それがひなびた風雅に通じている。

ところで、鯖江市河和田の河和田塗は平安時代から始まり、現代では業務用漆器のシェアはいちばんである。漆器以外にも米、野菜がおいしく、水に恵まれ、三方を山に囲まれた景観が目にも心にもやさしい地域だ。わたしは、農山漁村女性の食による地域活性化活動を表彰する「食アメニティコンテスト」の現地審査で河和田の女性グループ・うるしの里いきいき協議会を訪ねたのがきっかけでご縁が生まれた。

このグループは活動の一環として、河和田の郷土料理を特産の漆器に盛りつけた「うるしの里御膳」を観光客に提供している。本膳、二の膳に取り回し鉢までついた立派な会席膳だ。親鸞聖人の命日の報恩講が盛んな地域だけに、里芋の小豆煮、麩の辛子あえ、ぜんまい豆和え、呉汁などの精進料理が中心だが、さばえ菜花、河内赤かぶら、越前寒茸（ひらたけの一種で、冬季が旬）など地野菜をたっぷり用い、刺身、焼き鯖も並ぶ。さらに、新工夫として猪肉、ブロッコリ、にんじん、じゃが芋のチーズフォンデュが小鍋立てで登場する。このフォンデュの薬味として、黒漆の皿にのった山うにがしずしずとあらわれるのだ。

黒漆に映える朱赤にうっとりしながら、チーズソースに浸した猪肉に添える。ちょっぴりなめてみると、思いのほか辛くない。それではとたっぷり塗って頬張ったら、柚子山と唐辛子畑に迷い込んだ猪を食べたかのようなおいしさ。

きっと、越前うには海辺から都へ直行してしまい、山里には届かなかったのだろう。その無念さが、身近な柚子、唐辛子を駆使して山うにを生んだのである。一昨年からは商品化も始まっている。

今回はレシピをおそわってきた。材料は黄柚子、鷹の爪、塩、そして地元で福耳ピーマンと呼ぶ赤ピーマン。割合は適当、塩分量は十五％が目安と、万事おおらかだ。材料の種とヘタをとって順にすり混ぜ、最後に塩を加えればでき上がり。柚子を丸ごと使うことと、色艶とうま味を高めるために赤ピーマンを入れるのがコツである。

さっそく試してみたら、鍋や納豆の薬味におつで、いかや白身の刺身に美しく映え、バニラアイスやバタートーストにもいいアクセント。朱赤の山うにを生んだ河和田の女性たちに乾杯したい。

梅干しにも梅酒にも「福井梅」

若狭町の特産梅「紅さし」と「剣先」

三方上中郡若狭町は、敦賀から車で約半時間ほど。電車なら、敦賀から小浜線で六つ目の三方駅が最寄り駅で、さらに進めば小浜市である。ここにある三方五湖と呼ばれる五つの湖は、水質は淡水、海水、汽水とさまざまで、塩分濃度の違いによって五つの湖がそれぞれ違った青色に見えるという。

水利のよさから、縄文時代の遺跡がたくさんあり、なかでも縄文時代のタイムカプセルという異名のある鳥浜貝塚（18ページ参照）が有名で、発掘された丸木舟や漆塗りの木工品などは若狭三方縄文博物館に収蔵されている。また、若狭町の南部に鯖街道（47ページ参照）が通っていることは前述したとおりだ。

そして、若狭町は梅が特産である。JR小浜線と並行して走る道路は「若狭梅街道」という楽しいネーミングだ。三方五湖周辺は、北陸としては比較的あたたかな気候のため、江戸時代から梅がよく育ったそうで、観賞用だけでなく、食用にもしようと改良された結果、種が小さくて皮が薄い梅干し向きの「紅さし」という品種と、爽やかな風味で梅酒に最高の「剣先」が誕生した。

二種とも昭和三十年代からは「西田梅」として盛んに生産されていた。折からの手づくり梅酒ブームにのって栽培が奨励され、昭和四十二年（一九六七）にさらなる飛躍をめざして「福井梅」に名称変更した。昭和六十一年（一九八六）から大相撲の優勝賞品として千秋楽に授与されているが、近年は梅の消費が減ったことと、生産者の高齢化、後継者不足でなかなか大変な状況になっている。

最近、先祖が丹精した梅を守ろうという動きが出てきて、梅エキス入りの梅風呂や、梅酵母が爽快な地ビールを開発した旅館があらわれたし、横浜から向笠《むかさ》という集落へUターンした五十嵐礼子さん夫婦が民宿を開いて、梅もぎ体験をさせたり、母ゆずりの味の梅干しや梅酒をたっぷり提供するようにもなった。礼子さんは、若いときから梅の季節には梅もぎと梅干しづくりに里帰りしていたのが習い性となって、六十代になるのを待たずにご主人を伴って実家に帰り、第二のスタートを切ったのである。過疎と高齢化に悩む地域にとっては、願ってもない移住である。

たまたまわたしの姓と同じ地名の向笠は、山に囲まれた百戸ほどの集落で、伊勢神宮の荘園だったという歴史を秘めている。春になると陽差しを浴びて、梅があちらこちらで開き始める。民家のすぐ近くにある梅畑のほかにも、山のほうまで畑がつくられていて、そこまで登ると、眼下に梅林、その向こうに三方五湖が広がる。

それだけに、春の民宿は梅づくしの食卓になる。青梅のエキスがいっぱいの梅シロップは焼酎を少々加えると食前酒に最高だし、青梅を砂糖とともに味噌に埋めてエキスを吐き出させた梅味噌は、野菜サラダや酢の物のたれにぴったりだ。もちろん自家製梅干しは好きなだけ食べられる。

やわやわ真冬の「水ようかん」

水ようかんは冬のお菓子

「寒なったのお」

「ほやって。十一月なっつんたでぇ」

「やっと水ようかんの季節になったのぉ」

というのが、福井県での標準的な会話だ。きょとんとしてしまう方も多いだろうが、福井の水ようかんは冬のお菓子で、夏に食べることはまずない。十一月になると県内の和菓子屋約二百軒がいっせいにつくり始め、三月いっぱいでぴたりとやめる。

その理由のひとつは――昔、小豆からつくる生あんは庶民には高嶺の花だったので、安価な粉末のさらしあんで砂糖控えめの水ようかんを工夫した。当然、水分はしっかり水増しした。でも、なにぶん冷蔵庫のない時代だから、糖度の低い水ようかんは夏場は日持ちしない。それで、冬の食べものということになったのである。

また、以前は漆塗りの箱に流して箱のまま売り、客は後日箱を返却に行く習慣だったそうな。河和田塗という伝統漆器が根づいていた福井ならではの話だ。

さまざまな個性が同居している県だから、町ごと商店街ごとに味は少しずつ異なり、奥越や嶺南では丁稚《でっち》ようかんと呼ぶこともある。そんななか、最初に名があがるのが福井市の「えがわ」。ここの水ようかんは、甘さも固さも風合いも値段も、ほどがよいと言われる。「えがわ」の江川正典さんにきくと、

「水ようかんは元来は正月のお菓子でして、二人で一箱を食べるのが普通です」

つまり、厚さ一・七センチとはいえ、一人当たり葉書一枚分ほどの大きさを食べることになる。福井人は甘党ぞろいなのだろうか。いやいや、お酒のあとの口直しにつるりとやるのが福井流とも聞く。さっそく試したら、黒糖風味でとろりと大甘だった。冷たいのが

口溶けして、つるりとのどにすべり込むのが心地よいし、口中に甘味がいつまでも残るのもいい。

「ざらめで糖度を上げ、沖縄・波照間《はてるま》の黒糖を隠し味にしていますので、甘さが濃いのです」

でも、寒い季節にはこの甘さがちょうどいい。夏に食べるのだったら少々くどいかもしれないけど。

「けっして高級菓子じゃない。ごく日常の菓子ですから、値段も上げたくない。むしろ下げたいんですが、いかんせん材料代が高いので仕方ないんです」

一箱六百三十円はけっして高くないと思うのだが、七十代半ばの江川さんが、本当にくやしそうな顔をしていた。

それにしても、ちょうど買いものに来ていた男性客が言った、「福井人にとっては、虎屋のようかんはぴんとこない。水ようかんこそが本物のようかんなんです」は名言だ。福井で水ようかんを食べ歩く旅もおもしろい。

第7章　精進料理、祭り料理の伝統

永平寺の精進料理

福井の曹洞宗と浄土真宗

日本人には「無宗教」を自任する人が多いが、宗教行事に参加することをいやがる人ははなはだ少ない。たとえば、誰でも初詣に出かける。八月の月遅れのお盆には帰省して墓参りをする。これは立派な信仰心である。

もっとも、初詣の行き先が神社でもお寺でも気にしないあたりは宗教を超越した印象もあるが、家内安全、商売繁盛などなどを願う心ひとつひとつは真剣である。平成の善男善女を導いてくれるのはどんな神様仏様なのだろうか。

日本の宗教をごく大きく分けると、仏教、神道、キリスト教、新宗教となる。もちろん、仏教徒も神社に初詣に行くことがあるし、神式で結婚式をあげる場合もあるから、どこまで厳密に区分できるのかよくわからない。

ともあれ、文化庁編『宗教年鑑』を見ると、信者が多いのは仏教で、一位は浄土真宗本願寺派、二位は曹洞宗となっている。そして、福井県ではこのふたつの宗派が盛んだ。どちらも食べものをとても大切にするのが特徴である。

大本山永平寺の精進料理

曹洞宗は鎌倉時代の僧・道元禅師が開いた禅宗の一派で、吉田郡永平寺町に大本山永平寺がある。ここは三方が山に囲まれているので深山幽谷の趣が深い。大晦日深夜のＮＨＫテレビでは豪雪シーンばかりが映されるが、芽吹きどきは山の生気にあふれ、紅葉も美しい。

ただ、永平寺は観光中心の寺ではない。厳粛な修行道場であり、実際に約二百人の修行僧が暮らしている。全員男性で、毎朝三時半に起床し、坐禅、読経、作務《さむ》、食事などの日課に励む。作務とは、七堂伽藍の回廊拭き、庭掃除、雪かき、どぶさらいなどの労務をおこなうことを言い、その他にも食事をつくること、食べることも大切な修行とされている。

三度の食事の前には「五観《ごかん》の偈《げ》」という五つの食の心得を唱和する。

一《ひと》つには功《こう》の多少《たしょう》を計《はか》り、彼《か》の来所《らいしょ》を量《はか》る。

この食事ができるまでに関わった人々や私たちと同じ平等な命である自然の恵、食材に思いをはせます。

二《ふた》つには己《おのれ》が徳行《とくぎょう》の、全缺《ぜんけつ》と忖《はか》って供《く》に応《おう》ず。

今日一日、自分の行うべきことをちゃんと行ったかを省み、いたらなかったところを補うためにも食事を頂きます。

三《み》つには心《しん》を防ぎ過《とが》を離るることは、貪等《どんとう》を宗《しゅう》とす。

「おいしいからたくさん食べる、おいしくないからあまり箸をつけない」などというのではなく、どのようなものも心穏やかにいただきます。

四《よ》つには将《まさ》に良薬《りょうやく》をこととするは、形枯《ぎょうこ》を療《りょう》ぜんがためなり。

空腹を満たすためだけではなく、腹八分目を心掛け、心身を養う薬としていただきます。

五《いつ》つには成道《しゅうどう》のための故《ゆえ》に、いま此《こ》の食《じき》を受く。

社会や家族に一生懸命つくすために、今、この食事をいただきます。


内容を要約すると、目の前の料理が供されるまでの自然の恵みと労力に感謝し、自分が食べるのに値する人間か否かを自覚し反省し、道にかなった正しい生きかたをめざせというもので、現代にも通用する食育のエッセンスと言っていい。

それだけに、永平寺の食事全般を担当する典座《てんぞ》の役職は重要ポストである。現在の典座

永平寺の精進料理。禅宗では料理をつくることも食べることも修行なので、どの料理も心がこもった味わいである。

職は三好良久老師。献立を考え、食材の仕入れをし、修行僧を率いて包丁をにぎり、鍋をふる。その合間には寺の行事の役職をつとめ、坐禅、読経もおこなう。

ありがたいことに、わたしたちも修行の一部に参加することができる。一泊二日の参籠体験もあるし、一日だけの坐禅体験もあるが、食を通じて禅の心を学ぶこともできる。宿泊は体験済みなので、今回わたしが参加したのは、昼食をいただく「中食体験」である。

階段をいくつも上がり、廊下を延々と歩いて、食事用の特別室に行く。案内してくれたのは入山二カ月めの修行僧。青く剃り上げた頭がすがすがしく、表情がぴんと張っている。彼にとっては、これも修行なのである。

「五観の偈」を唱えたあと、精進料理をいただだく。一の膳、二の膳が並び、合わせると皿数は十ほどもある。意外に豪華だ。ただ、動物性の食材は、たとえかつお節であろうと一切使っていない。食材本来の味を生かしながら、昆布・干ししいたけなどのだし、食材から出るだし、ごま油などすべて植物由来のもので調味してあるのだ。

それでいて、けっして薄味ではない。食材すべての個性と持ち味が寄り集まって、それなりに濃く、それでいてすっきりした味わいを醸し出している。

たとえば、ごま豆腐。五、六センチ角で、朱塗りの椀にぷるんと収まっているが、ずっしりした存在感がただよう。赤い練り味噌がかかって、つやつやと輝き、清らかでおいしそうだ。鍋でていねいに煎って、すり鉢でとろとろになるまであたったごまが味の決め手である。根気のいる作業は、新人僧の格好の修行なのだ。あとの材料は葛とだし。ペースト状になったごまと合わせ、湯煎しながら練り上げて冷ます。まことにシンプルな材料であり、時間はかかるけれど単純な作業の積み重ねなのに、でき上がった味は豊潤そのもの。香りがよく、舌当たりがやさしく、味わいがまるい。食材、つくり手、食べる人それぞれの〝いのち〟が一箸ごとに口中に広がってくる。

いっぽう、揚げ昆布は「吉祥昆布」と名づけられていて、昆布に切り目を入れて蛇腹状に編み上げてから油で揚げたもの。奥井海生堂（148ページ参照）が納入した昆布である。

海生堂は永平寺御用達なのだ。塗りの小皿の上でてらてらと濃緑に輝き、形がきりっと美しい。ぱりっと噛むと昆布の味が舌に響いてくる。ぱりっぱりっと噛みすすめるにつれて、昆布の濃厚なうま味と香りがいっぱいに広がる。ごま油が昆布の強さをやわらげている。これも、食材そのものを味わう〝いのち〟の料理なのだ。

そして、がんもどきと野菜の炊き合わせ、酢ばす、なすとしし唐の天ぷら。これらとともにいただくご飯、味噌汁は、一段と心にしみ入ってくる。

偈文を唱えた以外に修行らしいことは何もしていないはずだが、食べ終わったときの充実感はすばらしかった。お腹がいっぱいというのではなく、気持ちが清爽感でいっぱいになったからだ。心を込めてつくった料理を、心を込めていただくことで、禅の心の一端が垣間見えたのかもしれない。

福井県に永平寺が建立されてから、約七百七十年になる。たとえ曹洞宗の信者でなくても、食を大切にする教えには心からうなずいたはずだから、長い間にじわじわと「食こそ〝いのち〟なり」という考えが広まっていったのだろう。それが今日の福井の郷土料理につながっていることもまた確かである。

心をつなぐ報恩講料理

仏事のお斎、報恩講料理

福井県は浄土真宗の門徒が多く、報恩講が盛んにおこなわれる。報恩講とは、浄土真宗の開祖・親鸞聖人の遺徳をしのび感謝する行事で、その際に出される精進料理を報恩講料理と言う。浄土真宗は阿弥陀仏に救われることを願う宗派だから、宗教行事は簡素であるが、開祖の命日はとても大切にされる。本来の命日は旧暦十一月二十八日だが、農作業などの都合に合わせて一カ月ぐらい前後にずらすこともある。なぜなら、報恩講は開祖をしのぶだけでなく、集落の人たちの交流の場でもあるからだ。

現代の報恩講は、必ずしもお寺や個人宅でだけおこなわれるわけではなく、集会場や公民館で開かれるなど、新しい形の地域コミュニティの場になりつつある。と言ってても、若い世代の人々はあまり積極的ではない。日本の社会は、この前の東京オリンピックの年（一九六四年）の生まれの人を境に、それ以前と以後ではものの考えかたが大きく変わったと言われるが、地域のつながりについても同じことが言えるのかもしれない。

浄土真宗の開祖・親鸞聖人の命日の報恩講では、地元の野菜を中心にした精進料理を地域の人々がともにいただく。越前市の長宝寺で。

どこで開催しようと、報恩講には必ず会食がつきものである。信仰を通じて人々の心がひとつになったとき、そのつながりをさらに深めるのが、みんなで一緒に食事をする時間なのだ。聖なるひとときだから、身も心も清めるために、料理は精進料理である。浄土真宗は魚肉を食べることを禁じてはいないが、やはり野菜中心の食が本来のものと思われているのである。

報恩講の季節はちょうど野菜の収穫時期だから、実りに感謝しつつ地元の幸を賞味するいい機会だし、自分の野菜の味自慢の場にもなる。料理自体にとくに決まった形式はないが、親鸞聖人の好物だった小豆の料理は欠かさない。また、本書でふれている郷土料理は、おおむね報恩講でも食べられている。

報恩講の料理をいつも食べられるような施設はないけれども、福井の郷土料理は多かれ少なかれ報恩講とも縁があるから、仏と人を結び、人と人を結びつける要素をもっているという気がする。別の言いかたをすると、郷土料理を食べることはその地域の人の心にふれ、風土の空気を吸うことと同じなのである。

奇祭「ごぼう講」のごぼう料理

三百年つづくごぼう料理

福井県はごぼう王国でもある。日本最古のごぼうの種子は三方五湖畔の鳥浜貝塚で発見されているし、県央部の越前市は江戸時代は白茎白花種ごぼうの名産地だった。また県北では正月用の野菜市のことを総称してごぼう市と呼んでいた。ごぼう好きのDNAが県民に伝わっているのだろうか。

「ごぼう講」という男だけの奇祭もあり、越前市国中町（平成の大合併以前は今立町国中）

で約三百年間も旧正月時期の二月十七日におこなわれてきた。講の前日、集落の男性全員が当番家に集まってごぼう料理をつくり、翌日は羽織袴で集合して、神事のあとは山盛りのごぼうを肴に一升酒を酌み交わす。つまり、直会《なおらい》のごちそうがごぼうということだ。三百年、十世代以上にわたって同じメニューをつくりつづけてこられたのは、ごぼうがたんなる作物ではなく、人々の心をつなぐ役割をもっているからであろう。

この行事は正式には「惣田正月十七日講」といい、江戸時代前期の一七〇五年（宝永二年）に始まった。厳しい年貢の取り立てから自己防衛するために、村人たちが講をつくって惣田（村の共有地）の米やごぼうを食べて団結し、豊作祈願したというのが発祥の定説である。ともあれ、みんなでごぼうを食べる行事である。

わたしが取材した三百六回目のごぼう講の当番は見延《みのべ》浩美さんという農家で、地区住民の講人約五十人のために用意するごぼうは約三百キロ。普通は買ってくるものらしいが、見延さんはできるかぎりは自分の畑から掘り起こしてきた。

ごぼう講当日、見延さん宅では家紋を染めた幕が張りめぐらされ、座敷は襖が取り払われて四間ぶち抜きになっていた。床の間には三方に盛った米、味噌和えの叩きごぼう、酒などが供えられている。男性たちがその前で紋付き羽織袴の正装で威儀を正し、言葉少なく座っている。その様子を割烹着姿の奥さんたちが廊下でじっと見守る。

越前市国中町のごぼう講は300年以上つづく豊作祈願の行事。ごぼう料理を男たちがつくり、神事の後は直会の宴となる。

神官が到着して神事が始まった。最前列でお祓《はら》いをうける見延さんの顔が紅潮している。男たちも頭をたれて神妙だ。やがて玄関のほうで和太鼓の演奏がにぎやかに始まる。直会の合図である。

　客人側の男たちの前に接客担当の男たちが脚つき膳を運んできた。その一人前の量に、あっと息をのんだ。うず高く盛られた銀舎利の物相飯《もっそうめし》。物相飯に負けじと山盛りにして薬味の赤唐辛子を散らした叩きごぼう。十センチ長さの半割り大根の煮物二本の上に焼き豆腐一丁をどんと重ねた大鉢。たくあんの半割り二本に炒りごぼう二本を添えた大皿。そして、膳中央のすきまに茶碗酒。神様へのお供え一式を下げてくる本来の直会の形である。ただし、ここではごぼうと茶碗酒以外はもち帰ることになっている。

　そのごぼうだが、初めは箸でつまんでいたのがやがて素手となり、さらには口を天井へ向けて突き出してはごぼうを放り込むという仕儀になった。無礼に徹すれば徹するほど神と共食しているという一体感が得られるに違いない。

わたしもお相伴させてもらった。味噌味の叩きごぼうは、じんわり染みた甘辛の味噌がごぼうの土の味を清らかに引き立てていて、しゃっきり堅いのにしなしなという矛盾した食感がにくい。今立地区の寿喜娘《すきむすめ》酒造の「寿喜娘」を熱燗にした茶碗酒の進むこと、進むこと。たちまちいい気分に酔って、ごぼうを素手でつまみたくなる。丸ごとの炒りごぼうがまた傑作で、一人前二本では物足りないくらいに、素朴なうま味に満ちている。柔らかさばかりをよしとする現代の味覚とは正反対に、したたかな嚙みごたえにはまた別の魅力があるのだ。

三国祭のお決まり料理と酒まんじゅう

三国祭ならではの行事食

三国港と言えば、前述のようにかつては北陸随一の良港で、北前船の寄港地としてにぎ

北陸三大祭の坂井市の三国祭。高さ6.5メートルもある巨大な山車が狭い通りを巡行する。山車の後方は明治建築の龍翔館。

わった。北前船の最盛期は明治になってからなので、坂井市三国町となった今も、瓦屋根の民家に混じって洋風建築が目につく。

　現代の三国は越前がに（116ページ参照）が揚がる漁港として知られているが、町がもっともにぎわうのは五月の三国祭のときである。沿道に物売りの露店がつづくなか、高さ六・五メートルもある山車《やま》七基が町中を巡行するのだ。

　山車は主に武者人形で、平成二十六年には、前田慶次、源頼光、梶原景季《かげすえ》、橋弁慶、黒田官兵衛、加藤清正、仔獅子がそろった。そして、山車には囃子《はやし》方として盛装した小学二～五年生がのり込む。

　三国町山王の川崎周市さん宅では、孫のお嬢ちゃんが前年に囃子方（太鼓役）でのったとのことで、「御祝儀として、近所の方や親戚から酒まんじゅうが届くんです。今は『まんじゅう券』という引換券まであって、町の菓子屋で現物と交換できるようになりました」

三国祭の行事食は、あぶらあげとぜんまいの煮物。昔は大野から干しぜんまいを行商に来たという。

三国祭の祭り菓子は酒まんじゅうなのだ。当然、自分で買って食べる人のほうが多いから、わたしの目に入ったまんじゅう屋はどこも大繁盛だった。つくっている菓子屋は五軒もあるそうで、店によって形も製法も少しずつ異なるが、一般的な酒まんじゅうより大形で、甘酒だねの皮に焼き印が押され、こしあんがたっぷり入っているのは共通だ。祭りの楽しみを、体で味わい、酒まんじゅうで味わうのが三国流なのである。

祭り料理もある。三国祭には「ぜんまい祭」という異称があるくらいで、ぜんまいの煮物が欠かせない。川崎さんの記憶だと、昔は大野市から干しぜんまいを売りにきていたとか。また、竹の子やふきの煮物もつきもので、大ぶりに切ったあぶらあげの煮物も並んでいた。祭りは春の恵みを味わう日なのである。

川崎さん宅にうかがうと、親子三代が集まり、祭り料理を始めとするごちそうが並んでいた。盆と正月、そして三国祭には必ず家族が全員集合するのである。

午後八時。夜店のまばゆい光をかき分けるようにして、山車が川崎家の前を通った。二階のベランダのすぐ目の前を武者の巨大な顔が通りすぎていく。赤ちゃんからおじいちゃんまで、みんなそろって山車を見つめ歓声を上げる。今年も、三国祭の夜は平和ににぎやかに過ぎていくのであった。

第8章 和食を支える伝統工芸と技術

食材はそのまま食べられるわけではない。若狭町の鳥浜貝塚は縄文時代早期の遺跡だが、食材を加工するための道具がたくさん出土している。刃のついた石器は切るためのものだし、丸石と石皿のセットは割ったりすりつぶすためのものだ。熱を通すのにいちばん効率的なのは煮ることだから、土器の甕《かめ》も必需品だった。もちろん、土器は保存容器にも食器にもなる。

時がたって「和食」の時代が始まっても、調理のための道具は不可欠だ。そして、福井県には、それらを製作する技術が連綿と伝わり、郷土の食をバックアップしている。食は暮らし、暮らしは食。何が欠けても、和食は成り立たない。

越前打刃物――切れる包丁と切れない包丁

たとえば越前打刃物。室町時代初期に京都の刀鍛冶・千代鶴国安が武生に移り住んだのが始まりと言われる。鎌や包丁類の技術がすぐれていたため、江戸明治をへて現代もなお高品質で人気があり、昭和五十四年（一九七九）には刃物業界として最初に伝統工芸品に指定されている。

和食の調理には和包丁を使うのが伝統だ。割烹店などで料理人がすーっと一気に刃を引いていく姿はじつに美しい。ぴしっと角を立てて刺身を切るには、柳刃包丁を長さいっぱ

調理には越前打刃物が欠かせない。福井県には焼きもの、漆器、和紙など和食を支える伝統技術が多数息づいている。

いに使ってゆっくり引き切るのがポイントだ。また、出刃包丁は江戸時代に堺（大阪府堺市）でつくられて全国に普及した。こちらは魚をおろすときに用いる。どちらも片刃で、断面がカタカナの「レ」の形でとても鋭いから、まっすぐに刃を当てて引くときれいに切れる。例外は菜切り包丁で、英字の「V」形をした両刃で押して切るものだ。なお、洋包丁も同じく両刃である。

プロの料理人は何本も包丁を使い分け、あざやかな切り口で食材をいっそう魅力的に見せてくれるし、飾り切りなども美しくこなす。ただし、和包丁は刃が固くて鋭利なぶん、まめに研がなければいけないし、錆びやすい。わたし自身も手入れに自信がない……。

越前市の高村刃物製作所の高村光一さんは、

「包丁は割込《わりこみ》技法を使っています。固い鋼をやわらかい地金ではさみ、それを二枚重ねて延ばすのが越前の特徴です。これにより、長く高温を保った鋼は薄く延ばされ、切れ味がよくなるのです」

切れる包丁を使うと、力を入れる必要がないから、料理をつくるのが楽しくなる。

「錆びる包丁は手入れがたいへんですが、うちの品はステンレススチール製なので、その心配はほとんどありません」

と、胸をたたいた。高村刃物製作所は、福井県で最初に鍛造ステンレス包丁の製造に成功したのである。かつての越前打刃物は菜切り包丁のほか鎌や鍬《くわ》など農作業用の刃物が中心だったが、昭和の高度成長期を迎えて農作業が機械化されるにつれて、それらの需要が激減した。いっぽう、当時のステンレス包丁は切れない包丁の代名詞だったが、高村さんの父上の利幸さんが、錆びなくてよく切れる包丁を研究、開発した。ステンレスは刃物に向かないという常識をくつがえしたうえ、一般家庭の調理に新しい世界をもち込んだのである。——世間には包丁の手入れを面倒に思う人が多い。わたしもその一人だ。切れ味が長くつづく包丁なら理想的だ。

「まずは、切ってみてください」

と、高村さんの弟の日出夫さんが、にんじんとまな板をもってきた。高村刃物製作所は、もう一人の弟・勇人さんと四人でステンレス包丁をつくっているのである。

ともあれ、牛刀と呼ばれる洋包丁をあててみた。おどろいたことに、刃をあててすっと押しただけで、にんじんが切れてしまった。もちろん、切り口は平らで、みずみずしいままだ。

トマトもこれまでにないほど薄切りにできた。トマトの皮はつるつるしているので、刃の位置が決めづらいものだが、この包丁は刃先がぴたりと皮に吸いつき、あとは押すだけで包丁の重みで切れていく。これは楽しい。

「家庭で使いやすいのは、両刃の包丁ですね。三徳包丁、牛刀と呼ばれるタイプです。肉、魚、野菜と何でも切りやすい。固いものを切るときは押して切ると力が入りやすいし、刺身などやわらかいもののときは引いて切ればいいんです」

高村父子四人を中心とした高村刃物製作所のステンレス包丁はジャンルを問わず、伝統的な製法で両刃に研ぎ上げる。よく切れるし、切れ味が長持ちするから、東京の有名レストランのシェフが何人もここの包丁を使っている。たとえば、東京・渋谷の中国料理「レストラン陳」の菰田《こもだ》欣也《きんや》総料理長は、自分の体力に合った重さの中華包丁を注文していたし、東京・青山のフレンチ「ＮＡＲＩＳＡＷＡ」の成澤由浩シェフも何本ももっている。

プロの愛用者が増えることは、他社にも刺激を与え業界に品質向上の気運をもたらした。海外のトップシェフまでが越前へ包丁を買いに来る時代になったのだ。

ところで、包丁にはできるだけ子供のうちから慣れておきたい。高村さんは、小学生の料理教室に三徳包丁を提供したことがあるそうだ。

「先生から『切れない包丁をつくってほしい』と頼まれたんです。とんでもない、切れないと力を込めなくてはならないから、かえって危険なんです」

それで、小ぶりの三徳包丁をつくった。料理の課題は、手のひらにのせた豆腐を切ること。味噌汁の実にするため、手のひらの上で切ってすぐに鍋に入れるのだ。

「包丁は、まっすぐ下ろすだけでは切れません。刃を押すか引くかしたときに初めて切れるので、手のひらの上では刃を動かさないようにと、子供たちに言ったんです」

先生も保護者もはらはら見守っていたが、結局、子供たちは誰一人怪我などしなかった。

越前焼——実用にまさる焼きもの

和食をいろどる器は多様で華やかだ。焼きものだけをとっても陶器と磁器に大きく分かれ、形や釉薬《ゆうやく》、絵柄によって料理をよりおいしそうに見せてくれ、季節感も伝える。あでやかな色と形の器もあるし、わび・さびを体現したような器もある。

もちろん、食卓を華やかにする器ばかりでなく、地味な役割をになう焼きもののもある。たとえば越前焼。平安時代に始まった日本の六古窯のひとつだが、江戸時代末までは釉薬を使わない焼き締めの焼きものを多くつくっていた。

福井県陶芸館・学芸員の小泉洋介さんの説明によると、

「壺、甕、すり鉢といった、生活の基本を支える雑器が中心でした。丹生郡越前町が発祥地で、鉄分の多い土のおかげで、焼くと土が締まり、水がもれにくくなるんです。それで、水甕、種壺、茶壺などに使ったんです」

そのせいか、高さ一メートル近い大きな壺や甕がずらりと並んだ展示場には、台所か食料小屋のようなあたたかい空気が流れている。井戸しかなかった時代には、水は大甕に貯めておくのが普通だったし、焼き締めの肌からわずかずつ蒸発しながら熱を奪うから、中の水はいつも冷える。なかなか合理的にできた器なのである。館長の山口正英さんが補足してくれた。

「大きなすり鉢も毎日の必需品でした。味噌をする、ごまをするといった場合に欠かせませんし、こね鉢としても使われたようです」

四十センチ近い大鉢もあるのだからおどろきだ。また、越前焼のおろし板もつくられているので、おろしそばの大根をおろすのにずいぶん重宝したことだろう。

越前焼はかつては三国湊などへ積み出され、北海道から島根県に至る日本海沿岸部で使われた。海と縁が深かったせいか、陶芸館には船徳利も展示されている。これは船が揺れても倒れないようにずんぐりむっくりに造形した徳利で、安定した姿を見ていると、気持ちが安らぐ。

もうひとつ、おはぐろ壺と呼ばれる小さな壺もかわいらしい。これは江戸時代に既婚女性が歯を黒く染めるときに用いた鉄漿水《かねみず》を入れた容器で、人がうずくまった姿に似ていることから「蹲る《うずくま》」と呼ばれる。

なお、越前陶芸村近辺では、陶芸館のほか、あな窯、登り窯が見学できるし、直売所なども併設されている。また、福井県内には百軒近い窯元が散在し、それぞれ現代感覚を盛り込んだ越前焼を製作しているので、ぜひ探訪していただきたい。ジャンルを問わず、クリエーターにじかに接し、心を込めた作品を見ると、とてもすがすがしくなる。窯元巡りは、旅の大切な要素なのである。

越前漆器——漆器はあたたかい器

先ほどふれた越前打刃物は、昔から鎌の切れ味に定評があった。明治七年（一八七四）の『府県物産表』によると、福井県の鎌の生産は九十七万挺。全国生産量のじつに二十七・五パーセントを占めていたほどである。

しかし、いくら高品質でも、黙っていてはそこまで売れるものではない。越前鎌の場合は、販売体制ができていたのだ。なぜかというと、鯖江の農民が農閑期に漆掻きの出稼ぎをしていたからだ。彼らは出かけるときに鎌をたくさんもっていったのである。鎌は全国どこででも農作業の必需品だから、いいものなら必ず売れる。それに、穂先だけ運べばすむから、荷物にならない。そんな具合でいい副業になった。

漆掻きとは、漆の樹液を集める仕事。漆の木に傷をつけて、そこから流れ出る樹液をそれこそスプーン一杯ほどずつ丁寧にかき集めるのである。そのつらい仕事の合間に、農民たちは鎌を売り、いっぽうでは現地の漆工芸の技術を学び、故郷にもち帰って新たな産業・河和田塗を育て上げた。冬の間の副業にして、少しでも現金収入を増やそうとしたのだ。江戸時代後期には京都からは蒔絵、石川県の輪島からは沈金、山中からは漆器の技術を導入したし、鯖江藩も生産を保護した。農民も領主も、現代の村おこしと同じように努力していたのである。やがて河和田塗は軌道にのり、いつしか越前漆器として広く愛用されるようになっていった。

漆器は縄文時代から使われ、若狭町の鳥浜遺跡からは漆塗りの木器や土器が出土している。漆は元来は樹液だが、器に薄く塗りつけて乾燥させると、艶のある堅牢な膜になる。

しかも染料を加えれば、あざやかな朱漆や穏やかな黒漆などになる。そのため、当時のハイテク技術による高級食器として、ハレの料理の器に用いられた。福井県で言うと、報恩講の際の器として今も盛んに使われている。

漆器の長所は、水漏れしないうえ、熱くならないのでもちやすく、しかも口当たりがいいことだ。つまり、和食の必須アイテムの「汁」の器——椀に最適なのである。漆の膜は完璧な防水効果があるし、芯は木だから熱が伝わりにくい。椀のふちには適度な厚みと丸みがあるから、唇をふれたときの触感がやわらかいというわけだ。あつあつの味噌汁を味わうための器と言いきってもいいだろう。

現在、鯖江市では学校給食に越前漆器の器を採用している。食器は黒色の椀の大小ぞろいなので、どんなおかずにも応用がきく。和食に欠かせない漆器に親しんでもらうことと、郷土の産業を理解してもらおうという狙いだが、あわせて、子供たちが漆器と和食のつながりを理解できるように指導するならば理想的である。

越前和紙、若狭塗箸

食卓にすわって見回すと、和室には和紙がたくさん使われていることにあらためて気づく。障子も襖もそうだし、目の前には折敷《おしき》替わりに敷いた紙があり、箸袋も紙製だ。

福井は越前和紙という逸品和紙の産地でもある。なかには紙幣に用いられた紙もあるくらいに、丈夫で使いやすいのが特徴である。

和食を支えているのは食材や器ばかりではない。食の場の雰囲気の演出にまで目を配ると、食べる楽しみはぐんと幅広くなるはずだ。

もうひとつ、今度は手元を見てみよう。箸である。和食に欠かせないどころか、少なくとも日本では「箸で食べる料理が和食」と言いきってもいいだろう。

福井の若狭塗箸は小浜の漆器・若狭塗が箸に特化したもので、今ではさまざまな素材、デザインがあるから、ぜひ自分に合ったものを入手していただきたい。

というのは、和食が無形文化遺産になったときに、いちばんむずがゆい思いをしたのは、箸をきちんともてない人だったのではないか、と感じているからだ。わたしは仕事柄、会食をすることが多いが、たとえば数人で食卓を囲んでいるときに、毎回のように、ふっと落ち着かない空気を感じる。違和感のある動きが目に入るのだ。ぎこちなくて美しくない。箸のもちかたについては、今さらわたしがどうこう言う必要はないが、気がついたことを二つだけお話ししたい。

ひとつは、伝統的なもちかたができない人は、自分自身でとても気にしているということ。他人に見られたくないと思うし、できれば直したいと思っている。箸を使うのがいやで、洋食ばかり食べているという話も聞いたことがある。三度の食事ごとに箸のことを気にかけていたのでは、つらいだろう。

225ページでご紹介した永平寺の典座・三好さんは、新人僧に箸の指導もするという。「本来あるべき形がいちばん美しい」と言いつづけていると、いつのまにかもちかたが直るそうだ。箸は和食文化そのものなのである。

二つめは、箸をきちんともてるようになるためには、親や大人の指導が必要ということ。子供の頃に大人から注意され、直されることで正しいもちかたをおぼえられるのである。福井県では、県内すべての小学生に対し、正しい箸の使いかたを身につけてもらうために塗箸を配布している。

この本の冒頭で、じつは和食は滅びかけていた、と申し上げた。食とは、箸の問題も含めて、親から子へ、古い世代から新しい世代へと伝えていかなくてはならないものなのだ。その流れがどこかでとどこおったら、文化の伝統はそこでぷつんと途絶えてしまう。決して元にはもどらない。

本当の「食育」が今ほど必要な時代はない。

あとがき

わが家のルーツは福井県ですが、わたし自身は日本橋の出身であり、とにもかくにも四代つづいた江戸っ子なので、田舎があるという意識はもっていませんでした。仕事がら、各地へ出かけることは多かったのですが、東京にもどってくるたびに、ああ、ふるさとはいいなと思ったものです。

ところが、二〇一三年十二月、「和食」がユネスコの無形文化遺産に認定されたと聞き、四季の食材……、暮らしに根ざした食……、という詳細をあらためて噛みしめたとき、ふと心に浮かんだのは、福井のちんころ煮でした。

三十代の生意気盛りの頃、福井の遠縁の家に遊びに行ったことがあります。福井市内とはいえ緑の山と田んぼに囲まれた兼業農家でした。世間話をひとしきり楽しんだあと、食事をいただくことになり、わたしがきっぱりとリクエストしたのは「ごちそうではなく、ふだんのおかずを食べさせてください」ということ。

「はいはい、お安い御用だよ」と、その家のおばあちゃんが台所に立ってくれました。しばらくたって、のぞきに行くと、土間の隅の叺《かます》からじゃが芋を取り出すところでした。小さいじゃが芋、もっと小さなじゃが芋、形のわるいじゃが芋ばかり。出荷できない芋は農家が食べるのです。

それを大鍋で甘辛味に煮ていき、汁気がなくなった頃合いがちょうど食べどきです。おばあちゃんができたてを箸にひとつ刺して手渡してくれました。形は貧弱だけれど、醬油色に染まってとってもおいしそう。これ、なんというお料理？　ちっちゃくてころころしているからね、ちんころ煮と言うんだよ。へんな名前！　じゃが芋を口に入れたまま、わたしは笑い転げてしまったものです。

「和食」が無形文化遺産に決まったとき、そのちんころ煮を思い出しました。薄暗くて広い台所。醬油の香り。ほっかほかで、ほっくほくのじゃが芋。おばあちゃんの笑顔。すべてがなつかしい。あれが和食だったんだ……。

食の仕事を始めて、もう三十年以上たちます。何冊も本を書きましたが、和食について突きつめて考えたことは正直、ありませんでした。

この本が生まれるきっかけは、「和食」と福井県がわたしの記憶のなかで合体したことでした。福井を観察すれば、「和食」がわかってくるのではないか……。

そして、歩き回っているうちに、わたしたちみんなの人生が、「和食」を媒介にして並び、重なり、からみ合い、補い合っていることが実感できました。「和食」はわたしたちの人生や暮らしにまですっかり溶け込んでいるのです。「和食」という食べものだけを取り出して、分析し、説明することなどとてもできません。そのため、本書では「和食」のさまざまな側面を点描することにしました。

でも、その点と点は、けっきょくどこかでつながっていました。米の話が大豆につながるだけでなく、稲わらで編んだむしろは昆布の保存に用い、米ぬかは鯖のへしこづくりに欠かせない、と次々に進んだのです。いっぽう、大豆は味噌、醤油、あぶらあげ（厚揚げ）などに広がり、あぶらあげが欠かせない行事食もあるし、それらを生産する人々の人生にまで立ち入ることになりました。けっして論理的に明快な構成ではありませんけれど、話が行ったり来たりしたぶんだけ、「和食」文化が融通無碍に暮らしのなかに溶け込んでいることがよくわかっていただけたのではないでしょうか。いいえ、ぜひそのように読み取ってくださるようお願いいたします。

＊　＊　＊

本書の取材に際しましては、福井県のみなさまにたいへんお世話になりました。文中でお話を紹介させていただいた方もいらっしゃるし、そうできなかった方々もいらっしゃいますが、うかがったお話はすべて参考にいたしました。みなさま、どうもありがとうございました。

参考文献は別掲いたしますが、福井県各地を歩くにつれて、先学の方々の研究の深さとご苦労にあらためて感動いたしました。各種印刷物から得たり、耳から得た知識も文中に取り入れさせていただきました。また、すでにわたしの心のなかに染み込み、わたしの血肉となってしまった情報や発想もたくさんあり、ひとつひとつについてご報告することはできませんが、わたしに新知識を与えてくださったすべての方々に御礼申し上げます。

執筆の機会をつくってくださった福井県庁の山口辰幸さんに感謝いたします。現地取材に関しましては、福井県観光営業部ブランド営業課の岡照晃さんにとりわけご尽力いただいたほか、宮越広美さん、朝井啓子さん、欠戸一裕さん、松山倫也さん、小池摩知子さん始め多くのみなさまにお世話になりました。編集の平凡社の菅原悠さん、岸本洋和さんどうもありがとうございました。

平成二十七年七草

向笠千恵子

参考文献

阿部孤柳『日本料理の真髄』講談社＋α新書、講談社、二〇〇六年
有坪民雄『〈イラスト図解〉コメのすべて』日本実業出版社、二〇〇六年
岩佐勢市『食育の祖 石塚左玄物語』正食出版、二〇一〇年
FBC福井放送「そばびと」製作チーム編『日本一うまい！ 越前おろしそば そばびと。』西日本出版社、二〇〇六年
大石圭一『昆布の道』第一書房、一九八七年
奥井隆『昆布と日本人』日経プレミアシリーズ、日本経済新聞出版社、二〇一二年
嵩谷昭男編『越前蕎麦物語』福井新聞社、一九九四年
加藤貞仁・鐙啓記『北前船――寄港地と交易の物語』無明舎出版、二〇〇二年
熊倉功夫監修・江原絢子編著『和食と食育――和食のこころを受け継ぎそして次世代へ』アイ・ケイコーポレーション、二〇一四年
酒井義昭『コシヒカリ物語』中公新書、中央公論社、一九九七年
佐藤洋一郎『コシヒカリより美味い米――お米と生物多様性』朝日新書、朝日新聞出版、二〇一〇年
青海忠久編著『改訂版 若狭のおさかな』福井県立大学県民双書X、晃洋書房、二〇一一年
田村勇『サバの文化誌』雄山閣、二〇〇二年

富山和子『日本の米』中公新書、中央公論社、一九九三年
永江秀雄『若狭の歴史と民俗』雄山閣、二〇一二年
永山久夫『なぜ和食は世界一なのか』朝日新書、朝日新聞出版、二〇一二年
「日本の食生活全集 福井」編集委員会編『聞き書 福井の食事』日本の食生活全集18、農山漁村文化協会、一九八七年
日本福祉大学知多半島総合研究所編『北前船と日本海の時代』福井県南条郡河野村発行、校倉書房発売、一九九七年
隼田嘉彦・白崎昭一郎・松浦義則・木村亮『福井県の歴史』山川出版社、二〇〇〇年
福井県編『福井県史――通史編4 近世二』福井県、一九九六年
福井県の歴史散歩編集委員会編『福井県の歴史散歩』歴史散歩⑱、山川出版社、二〇一〇年
三好良久『身近な食材を使って――三心でつくる典座和尚の料理』大本山永平寺、二〇一四年
リチャード・ランガム（依田卓巳訳）『火の賜物――ヒトは料理で進化した』NTT出版、二〇一〇年
『ふるさとの人と知恵 福井』全国の伝承 江戸時代 人づくり風土記 聞き書きによる知恵シリーズ、農山漁村文化協会、一九九〇年
『見る・読む・調べる 大阪の歴史力』江戸時代 人づくり風土記 ふるさとの人と知恵 大阪、農山漁村文化協会、二〇〇〇年

【著者】
向笠千恵子（むかさ ちえこ）
フードジャーナリスト、食文化研究家。東京・日本橋出身。慶應義塾大学卒業。本物の味や郷土料理、和食の現場を知る第一人者。生産者、民俗、歴史、食育などから現代の食文化をとらえる。内閣府と農林水産省の「ディスカバー農山漁村の宝」審査委員、「食アメニティコンテスト」審査会長、「本場の本物」審査専門委員。郷土料理伝承学校校長。著書に『すき焼き通』『食の街道を行く』（以上、平凡社新書）、『日本の朝ごはん』（新潮文庫）、『日本のごちそう すき焼き』（平凡社、すきや連との共著）など。

平 凡 社 新 書 7 6 6

和食は福井にあり
鯖街道からコシヒカリまで

発行日——2015年2月13日 初版第1刷

著者———向笠千恵子
発行者——西田裕一
発行所——株式会社平凡社
東京都千代田区神田神保町3-29 〒101-0051
電話 東京（03）3230-6580［編集］
東京（03）3230-6572［営業］
振替 00180-0-29639
印刷・製本—図書印刷株式会社
装幀———菊地信義

ISBN978-4-582-85766-5
NDC 分類番号596.21 新書判（17.2cm） 総ページ256
平凡社ホームページ http://www.heibonsha.co.jp/